| 복음이 주는 |

자유

노천상 지음

생명나무

| 복음이 주는 |

자유

초판 1쇄 발행 _ 2013년 6월

지은이 노천상
펴낸이 노천상
펴낸곳 생명나무
전화 02-977-2780
팩스 02-977-2780
등록일 2011. 11. 9
동록번호 306-2011-31
주소 서울, 중랑구 묵2동, 234-15호

총판 (주) 비전북출판유통
경기도 고양시 일산서구 덕이동 1347-7
전화: 031-907-3927 팩스: 031-905-3297
디자인 토라 디자인(908 - 5538)

ISBN 978-89-9676-912-5 03230

가격 _ 4,000원

차 례

| 복음이 주는 |

자유

관계의 회복과 만남의 축복

영광의 하나님을 찬양합니다. 하나님의 은혜와 복은 우리가 맺는 관계와 만남을 통해서 오는 것 같습니다. 저는 이런 복을 과분할 정도로 많이 받았습니다. 하나님께서는 만삭되지 못하여 난 자와 같은 부족한 저를 예수님 안에서 아들로 삼아주셨습니다. 저는 청소년기까지 예수님 없이 어둠가운데서 교만하게 살았었습니다. 언제나 그렇듯이 자기중심적인 교만은 모든 관계를 파괴했습니다. 청년이 되어 예수님을 영접하고 난 후에 그동안 깨어졌던 모든 관계들이 하나님의 은혜 가운데 회복되었습니다.

은혜로우신 하나님은 저에게 많은 경건한 성도들과의 만남과 관계 맺음을 통해서 복을 누리게 하셨습니다. 신학을 하면서는 학문과 경건에 탁월한 스승들을 만나게 하심으로 복을 주셨습니다. 그들의 열정과 탁월함은 저를 세우고 자라게 하는 흡족한 자양분이 되었습니다. 또한 많은 경건한 선배와 동료 목사님들을 만나 신실한 관계를 맺음으로써 어려움 가운데서도 좁은 길을 가는 복을 누리게 하십니다.

부족한 저를 하나님께서 세우신 목사로 귀히 여겨 주시는 예림교회 성도님들, 그리고 세계관학교에서 함께 공부하며 비전을 공유하는 성도님들과의 만남도 제게는 큰 축복입니다. 또한 사이버 세계관학교를 통해서 하나님의 말씀 안에서 이루어지는 신실한 성도님들과의 새로운 만남과 관계도 늘 기대가 되고 기쁨이 됩니다. 이 모든 것이 하나님께서 제게 베푸신 은혜와 사랑입니다.

그 가운데도 무엇보다 감사한 것은, 저의 동역자이며 가장 가까운 친구인 아내와의 만남입니다. 제 아내는 늘 곁에서 기도로 후원하며 진실한 사랑으로 섬기는 사람입니다. 또한 하나님께서는 제 딸 현경(은혜푸리)이를 통해서도 셀 수 없는 사랑과 감사의 제목들을 주셨습니다. 예수님 안에서 만난 모든 진실한 분들이 저를 빚으시는 하나님의 거룩한 도구들 이었음을 고백합니다. 하나님께 모든 영광을 돌리며, 하나님의 교회로 부르심을 입고, 이 시대에 주어진 교회의 사명을 충성되이 감당하는 모든 동역자들께 이 책을 바칩니다.

저는 이 작은 책을 통해서 하나님께서 또 어떤 만남을 주실지 기대가 됩니다. 무엇보다 하나님께서 이 책을 읽는 분들에게 예수님과 만나는 복을 주시기를 원합니다. 하나님께서 저에게 은혜를 베푸셨던 것처럼, 독자들께도 예수님 안에서 모든 관계가 회복되어 참된 안식과 자유를 누리시기를 기도합니다.

2013년 6월

노천상 목사

| 복음이 주는 |

자유

1장

자유, 어디로부터 오는가?

누가복음 8:26~39

자유, 어디로부터 오는가? (본문 말씀 누가복음 8장 26절~ 39절)

26그들이 갈릴리 맞은편 거라사인의 땅에 이르러 27예수께서 육지에 내리시매 그 도시 사람
으로서 귀신 들린 자 하나가 예수를 만나니 그 사람은 오래 옷을 입지 아니하며 집에 거하지
도 아니하고 무덤 사이에 거하는 자라 28예수를 보고 부르짖으며 그 앞에 엎드려 큰 소리로
불러 이르되 지극히 높으신 하나님의 아들 예수여 당신이 나와 무슨 상관이 있나이까 당신
께 구하노니 나를 괴롭게 하지 마옵소서 하니 29이는 예수께서 이미 더러운 귀신을 명하사
그 사람에게서 나오라 하셨음이라 (귀신이 가끔 그 사람을 붙잡으므로 그를 쇠사슬과 고랑
에 매어 지켰으되 그 맨 것을 끊고 귀신에게 몰려 광야로 나갔더라) 30예수께서 네 이름이
무엇이냐 물으신즉 이르되 군대라 하니 이는 많은 귀신이 들렸음이라 31무저갱으로 들어가
라 하지 마시기를 간구하더니 32마침 그 곳에 많은 돼지 떼가 산에서 먹고 있는지라 귀신들
이 그 돼지에게로 들어가게 허락하심을 간구하니 이에 허락하시니 33귀신들이 그 사람에게
서 나와 돼지에게로 들어가니 그 떼가 비탈로 내리달아 호수에 들어가 몰사하거늘 34치던
자들이 그 이루어진 일을 보고 도망하여 성내와 마을에 알리니 35사람들이 그 이루어진 일
을 보러 나와서 예수께 이르러 귀신 나간 사람이 옷을 입고 정신이 온전하여 예수의 발치에
앉아 있는 것을 보고 두려워하거늘 36귀신 들렸던 자가 어떻게 구원 받았는지를 본 자들이
그들에게 이르매 37거라사인의 땅 근방 모든 백성이 크게 두려워하여 예수께 떠나가시기를
구하더라 예수께서 배에 올라 돌아가실새 38귀신 나간 사람이 함께 있기를 구하였으나 예
수께서 그를 보내시며 이르시되 39집으로 돌아가 하나님이 네게 어떻게 큰 일을 행하셨는
지를 말하라 하시니 그가 가서 예수께서 자기에게 어떻게 큰 일을 행하셨는지를 온 성내에
전파하니라

누가복음 8:26~39

1장 자유, 어디로부터 오는가?

누가복음 8:26~39

1. 초자연적인 일을 부인하는 현대인

여러분! 기적이 있음을 믿습니까? 마귀와 귀신들의 존재를 믿습니까? 오늘날 사람들은 과학적 사고방식에 익숙해져 있기 때문에 현실의 경험세계에 대해서는 그 존재를 확실하게 인정합니다. 또한 이성적인 합리성에 근거한 추론에 대해서도 어느 정도 그 실체를 인정하려고 합니다. 그러나 영적인 세계나 기적과 같은 초월적인 세계에 대해서는 그것이 과학적으로 증명할 수 없다는 이유를 들어서 그 존재 자체를 부인합니다. 이는 사람들이 사물을 인식하고 분별하는 기능에 대한 바른 이해가 부족하기 때문입니다.

사람에게 어떤 사물을 분별하고 판단하는 기능을 하는 기관은 세 가지가 있습니다. 첫째는 오감 각입니다. 여러분이 잘 알듯이 오감 각은 시각, 청각, 후각, 미각, 촉각으로 무엇인가를 보거나 듣거나 냄새를 맡거나 촉감을 느낌으로써 그 사물의 진위와 기능 등을 분별합니다. 둘째는 이성입니다. 이성은 생각하고 사색하는 것을 통해서 사물을 분별합니다. 이성은 철저히 합리성을 추구합니다. 그래서 논리적으로 추론하여서 경험세계에서 합리적인 결론을 도출할 수 있어야 믿습니다. 셋째는 영입니다. 사람은 영적인 존재로 창조되었습니다. 사람의 영은 하나님과 모든 영적인 세계와 실체들을 분별하고 판단합니다. 특히 인간의 영은 영이신 하나님과 교제를 누리는 가장 중요하고 복된 기관이었습니다. 그러나 인간이 사단의 유혹을 받아 하나님께 범죄함으로 영이 죽게 되었습니다. 그래서 영은 제 기능을 하지 못하고 영적인 세계를 분별할 수 없는 상태로 전락(轉落)하게 되었습니다.

사람들이 갖고 있는 이 세 가지 분별하는 기능은 각각의 역할만을 할 수 있습니다. 가령 오감 각이 이성의 일을 대신할 수 있거나, 이성이 오감 각이나 영이 하는 일을 대신할 수 없습니다. 마찬가지로 영도 이성의 일이나 오감각의 일을 대신할 수 없습니다. 그런데 문제는 계몽주의 시대 이후로 이성이 모든 것을 분별하고 판단할 수 있다고 생각한 것입니다. 그래서 근대주의는 자연과 초자연을 나누고 초자연적인 것은 모두 종교적인 영역으로 치부하게 되었습니다. 이것이 이성만능주의입니다. 이런 영향으로 현대인들은 과학적이고 합리적이라고 하면 모두 진리인 것처럼 생각하지만 과학적으로 증명할 수 없는 것들은 부인하게 되었습니다. 그래서 사람들은 성경에서 기적에 대한 이야기나 귀신들과 같은 영적인 실재에 대한 이야기가 나오면 받아들이기를 거북해합니다.

그러나 중요한 것은 영으로 분별해야 하는 실재(reality)들을 이성과 오감 각으로는 분별할 수 없다는 것입니다. 그래서 바울 사도는 고린도전서 2장 13-14절에서 "신령한 일은 신령한 것으로 분별하느니라. 육에 속한 사람은 하나님의 성령의 일을 받지 아니하나니 저희에게는 미련하게 보임이요 또 깨닫지도 못하나니 이런 일은 영적으로라야 분변함이니라"고 말씀하고 있습니다. 한 가지 예를 들어 보겠습니다. 우리는 이단에 빠지는 사람들이 이성적으로 머리가 나쁘거나 학식이 부족한 사람들일 것이라고 생각합니다. 그러나 이단에 빠진 사람들 중에는 소위 명문대학을 나온 사람들도 많습니다. 그들 가운데는 이성적인 머리가 탁월하여 사회의 각 분야에서 두각을 나타내는 전문가로서 활동하는 사람들도 있습니다. 우리는 그렇게 똑똑한 사람들이 이성적으로도 용납되지 않는 거짓 교리를 믿고, 비도덕적인 교주에게 맹종하는 것이 어떻게 가능할까라고 생각할 수 있습니다. 그러나 이는 그들이 영적으로 어두워져 있기 때문에 영적인 실상을 올바르게 분별하지 못하기 때문입니다.

그러면 기적은 왜 우리가 이해하기 힘들까요? 그것은 우리가 하나님께서 만드신 자연법칙의 테두리 안에서만 활동하기 때문입니다. 하나님께서는 인간을 만드시고 자연법칙 안에서 생활하도록 하셨습니다. 그래서 우리는 시공간의 제한이 있는 자연법칙 안에서만 활동할 수 있습니다. 반면 기적은 이런 자연 법칙을 초월하여 일어나는 일입니다. 따라서 우리처럼 자연 법칙의 한계 안에서 살고 있는 사람들에게는 기적이 불가능하다고 여기게 됩니다. 그러나 하나님은 어떨까요? 하나님은 자연법칙을 초월해 계시며, 그 자연법칙을 만드신 분이십니다. 따라서 하나님께서는 자신이 만드신 자연 법칙을 잠시 보류하시고 자신이 하시고자 하는 것을 초자연적으로 성취하시는 것은 우리가 손바닥을 뒤집는 것만큼 쉬운 일입니다.

따라서 우리는 이성으로 영적인 일을 분별할 수 있다는 생각을 버려야 합니다. 또한 자신의 수준에서 이해가 되지 않는다고 해서 하나님께서 행하시는 초자연적인 기적들을 배척하는 것은 어리석은 것입니다. 이는 마치 소경이 자기가 보지 못한다고 사물이 존재하지 않는다고 주장하는 것과 같습니다. 누가복음 1장에 보면 천사 가브리엘

이 처녀인 마리아를 찾아와서 수태(受胎)고지를 합니다. 이때 깜짝 놀란 마리아는 말합니다. **"나는 사내를 알지 못하니 어찌 이 일이 있으리까"** 그러자 가브리엘 천사가 마리아에게 말합니다. **"대저 하나님의 모든 말씀은 능치 못하심이 없느니라."**(눅 1:37; 참고 창 18:14)

밤에 예수님을 찾아온 니고데모를 생각해 보십시오(요 3장). 그는 유대 공회의원으로 지성인이었고 율법에 능통한 학자였습니다. 그럼에도 그는 예수님께서 거듭나야 하나님 나라를 볼 수 있다는 말씀을 하셨을 때 그것을 이해할 수 없었습니다. 왜 그랬을까요? 그는 영적으로 죽어있어서 예수님의 가르침을 깨달을 수 없었던 것입니다. 우리도 하나님의 말씀을 듣고 그 영적인 실재(reality)를 역사적 사실로 믿으려면 성령으로 거듭나야 합니다. 따라서 사람들이 기적과 영적인 실상을 믿지 못하는 것은 그것이 실재하지 않아서가 아닙니다. 다만 사람들의 영이 죽어있어서 그것을 분별하지 못하기 때문입니다.

2. 자유를 갈망하는 사람들과 예수님

자 이제 본문을 보도록 하겠습니다. 저는 성령님께서 여러분의 마음에 빛을 비추어 주셔서 이 말씀을 깨닫게 하여 주시기를 간절히 소망합니다. 우선 큰 문맥에서 볼 때 누가복음의 주제는 두 가지입니다. 하나는 "예수님이 누구인가?" 그리고 다른 하나는 "누가 예수님의 제자인가?"를 보여주고 있습니다. 특별히 누가복음 8:22~56절은 네 번의 연속되는 치유 사건을 통해서 예수님이 누구신가를 명확하게 보여 줍니다.

22~25절에서 예수님은 바람과 바다를 명하여 잠잠하게 하십니다. 이 사건을 통해서 예수님은 눈에 보이는 세계와 만물을 다스리시는 분이심을 보여 주십니다. 이는 25절의 제자들의 말에서 분명하게 나타납니다. "저가 뉘기에 바람과 물을 명하매 순종하는고 하더라"

26~39절에서 예수님은 크신 권능으로 눈에 보이는 세계뿐만 아니라 눈에 보이지 않는 영적인 세계까지 다스리시는 분이심을 보여 줍니다. 이 성경의 기록자 누가는 의사였습니다. 그의 직업이 의사라는 것은 그가 이성적으로도 탁월한 사람인 것을 암시해 줍니다. 그래서 그는 매우 정교하게 예수님과 복음 사건을 조사하고 살펴서 우리로 하여금 믿고 구원을 얻도록 하기 위해 이 사건을 기록했습니다(눅 1:1-4). 누가는 이 사건을 통해서 예수님께서 누구신가에 대한 답을 주고 있습니다. 예수님은 사람들을 괴롭히고 멸망하게 하는 사단과 귀신들을 멸

하시는 분임을 보여 줍니다. 그래서 사단에게 매여 일평생 종노릇하며 온갖 고통을 당하는 사람들에게 진정한 구원과 해방을 주시는 예수님을 믿고 구원 얻도록 인도합니다.

1) 거라사 광인(귀신들린 자) ; 사단에게 매여 있는 인간의 전형

① 옷을 입지 않은 거라사 광인(狂人)

여기 귀신들린 사람은 하나님을 떠난 인간의 비참한 실상을 보여 줍니다. 그는 오랫동안 옷을 입지 않았습니다. 귀신은 이처럼 인간에게 수치심을 느끼지 못하게 만듭니다. 인간은 원래 하나님의 도덕법(양심)에 따라 살아야 하는 존재로 창조되었습니다. 그래서 인간이 하나님의 말씀에 순종하며 살 때는 낙원에서 안식과 평안을 누렸습니다. 그러나 사단의 유혹을 따라 죄를 짓게 되자 가장 먼저 찾아 온 것이 자신에 대한 수치심이었습니다. 그래서 그들은 무화과 나뭇잎으로 옷을 만들어 입었습니다.

인간은 원래 죄를 짓거나 인간답게 행동하지 못하면 수치심을 느끼도록 되어 있습니다. 그런데 인간이 하나님께로부터 멀어지고 사단과 귀신과 가까워질수록 수치심을 느껴야 할 때에도 오히려 자부심을 느끼고 비정상적인 쾌감을 느끼기까지 합니다.

폭력이 일상화된 오늘날의 사회를 보십시오. 이제 학교마저 안전한 곳이 아닙니다. 학교성적에 대한 경쟁에서 낙오되면 곧 사회적 낙오자가 된다는 두려움 때문에, 부모나 학생들은 출구 없는 경쟁에 목을 매고 있습니다. 그래서 학교는 폭력이 난무하는 사회의 양상을 그대로 재현하는 서바이벌 게임장처럼 되어 버렸습니다. 그래서 성적 압박에 어머니를 살해한 고등학생이 있었고, 친구를 죽음으로 몰아간 중학생에 관한 뉴스가 연일 신문 지면에 오르내리고 있습니다. 이런 참담한 사건들은 우리 사회 병증의 일부일 뿐입니다. 우리가 보듯이 학교는 이보다 더 광범위하고 심각한 상태입니다. 모든 아이들이 경쟁 교육과 비교육적인 학교문화에 신음하고 있습니다.

이런 경쟁에 치이고 밀려난 우리시대의 청소년들은 비정상적인 자기표현에서 자신의 정체성을 찾고자합니다. 그래서 특정 브랜드의 옷을 입는 것이 큰 유행되기도 하고 겉옷인지 속옷인지를 분간할 수 없는 옷을 입고 다니는 것으로 자기를 표현합니다. "하의 실종"이란 말 아시죠? 얼마 전 신문에서 보도된 내용입니다. "하의실종, H라인 30cm 짧치 삽니다." "짧치에 주름까지 넣어 예쁘게 수선한 회색 교복 치마 팔아요."라는 중고 교복 거래 사이트에서 짧게 줄인 교복을 사고 판다는 글이 넘쳐난 다는 것입니다. 학생들은 거리낌 없이 '짧은 치마, 줄인 교복'을 강조하며 중고 교복을 사고팔며 '짧치(짧은 치마)', '똥치(짧치보다 더 짧은 치마)', '빽치(몸에 딱 달라붙는 치마로 빽바지에서 유래)'라는 은어까지 만들어 냈다고 합니다.

이렇게 사람들은 하나님께로부터 멀어지고 사단에게 더 심하게 붙잡힐수록 부끄러워 할 줄 모르게 됩니다. 그래서 죄가 심하면 심할수록 사람들은 죄를 죄로 여기지 않게 됩니다. 현 정부의 많은 고위관료들이 비리혐의로 구속되고 있고, 주가 조작의 혐의를 받고 있습니다. 우리사회는 지도층으로 갈수록 더 뻔뻔하게 거짓말하고 죄를 지으면서도 부끄러워하지 않는 것 같습니다.

죄 짓는 것에 담대한 사회 일수록 사람들은 수치심을 모르게 됩니다. 우리가 처음에 거짓말을 했을 때는 얼굴도 빨개지고 가슴도 꿍꽝꿍꽝 뛰지만, 계속 거짓말을 하게 된다면 양심의 가책은 줄어들고 계속해서 변명과 책임회피에 익숙해집니다. 오늘날 우리사회가 바로 오랫동안 옷을 입지 않은 광인(狂人)과 같지 않습니까? 사람들은 하나님을 버리고 인간중심의 사회를 만들고자 노력해 왔습니다. 그러나 그 실상은 어떻습니까? 바로 여기 귀신에게 사로잡힌 사람과 같이 벌거벗고 있으면서도 수치심을 모르는 상태입니다.

이것이 오늘날 인류가 처해있는 끔찍한 실상입니다. 많은 사람들이 결혼서약을 어기고 있습니다. 간음과 매춘이 성행하고 있습니다. 사람들은 정욕의 바다에서 허우적거리고 있습니다. 그러면서도 죄의식도 없고 수치심도 없습니다. 학교에서든 사회에서든 돈의 가치가 사람보다 중요하게 되었습니다. 이제는 법적으로 성적 자기 결정권을 방해한다는 이유로 간통죄를 폐지하자는 의견이 더 많아지고 있습니다. 조금 더 지나면 인권이라는 이름으로 곧 동성애도 합법화 될 것입니다. 지금도 강남이나 이태원, 종로 등지의 사우나에서는 동성애 관련한 추잡한 일들이 매일 벌어지고 있다는 보도가 있을 정도입니다. 이것이 옷을 입지 않고 지내는 거라사 광인의 모습과 무엇이 다릅니까?

요즘 학생들은 자신들에게 더 이상 가르침이 필요 없다고 생각합니다. 자신들이 학교에 오는 것은 단지 정보적인 지식을 얻어서 좋은 대학에 가고, 좋은 직장을 얻어서 자신들의 이기적 욕망을 실현하기 위한 것일 뿐이라고 생각합니다. 이제 학생들은 사람이 평화롭게 살려면 사회 규범을 지키고 서로 용납하는 가운데 이웃에게 선한 의무를 수행해야 한다는 것을 배우려 하지 않습니다. 그래서 다른 사람을 존중하고 평화롭게 공존해야 한다는 양심의 법마저 어기고 친구들을 괴롭히면서도 전혀 부끄러워하지 않습니다. 이렇게 된 근본 원인이 무엇입니까? 바로 하나님을 버리고 사단에게 붙잡혀서 세상의 정신을 따르기 때문입니다. 이 거라사 광인처럼 옷을 벗고 살면서도 부끄러움을 모르는 비참한 상황인 것입니다.

② 무덤에서 생활하는 거라사 광인

귀신들린 사람은 집을 나왔습니다. 집으로 번역된 헬라어 단어는 '오이코스' 입니다. 이것은 일반적인 가정보다 더 큰 개념입니다. 가장을 중심으로 가장의 보호 아래 있는 온 집안사람들과 종들까지 포함하는 넓은 개념입니다. 귀신들린 사람이 집을 나왔다는 것은 인간으로써 생명을 수여해 준 부모와 가족의 보호를 뿌리치고 나왔다는 것을 의미합니다. 즉 그는 탕자처럼 아버지의 사랑과 보호로부터 떠나 와서 자신의 욕망을 따라 살아가고 있었습니다.

사랑과 생명의 보금자리인 집을 나온 사람은 어디에서 살고 있습니까? 네! 맞습니다. 무덤에서 살고 있습니다. 여기의 무덤은 고대 근동의 매장 풍습인 바위에 구멍을 뚫어서 만든 무덤입니다. 여기 귀신들린 사람은 살아있는 가족의 사랑과 보호를 저버리고 죽은 자들과 함께 있기를 더 좋아한 것입니다. 살아있는 사람들과 함께 어울려 사는 정상적인 생활, 서로 사랑하고 위해주는 복된 삶이 이 사람에게는 불가능해진 것입니다.

그는 사람을 만나기만 하면 사납고 거칠게 대하여 상해(傷害)를 끼치려했습니다. 뿐만 아니라 마가복음에 보면 그는 "산에서나 들에서나 늘 소리를 지르며 돌로 제 몸을 상하게 하면서"(막 5:5) 밤낮 홀로 무덤 사이에 거하였습니다. 무덤은 시체가 있는 곳입니다. 죽음과 부패가 있고 더러운 냄새가 진동하는 곳입니다. 그래서 유대인들은 바위에 판 무덤을 가까이 하지 않도록 하기 위해서 무덤이 있는 바위에는 하얀 석회를 발라놓았습니다. 그래서 그곳을 멀리 돌아서 가도록 말입니다. 그런데 바로 이 귀신들린 불쌍한 사람은 죽음과 부패와 썩은 것들로 가득 찬 무덤을 더 익숙하고 편하게 느꼈습니다.

여러분은 이 사람의 상황을 통해서 무엇을 보십니까? 하나님의 생명과 보호가 있는 에덴동산을 떠나 죽음의 그늘에 앉은 인간의 비참한 모습을 보지 않습니까? 바로 그것입니다. 이 무덤은 단지 부정한 장소를 의미하는 것에 그치지 않습니다. 이 무덤은 하나님을 떠난 인간이 처한 가장 절망적인 현실을 보여주고 있는 것입니다. 이 귀신들린 사람이 깨끗하고 성결한 곳을 싫어하고 더럽고 추한 것을 좋아하게 된 것처럼, 지금 사람들은 하나님의 거룩하심을 불편하게 여기고 오히려 악하고 더러운 영과 함께 사는 것을 더 좋아하게 되었습니다.

저는 컴퓨터 게임을 하지 않습니다. 요즘은 게임에 중독된 청소년들뿐만 아니라 어른들이 얼마나 많은지 모릅니다. 어떤 통계에 따르면 청소년의 15퍼센트 이상이 게임중독 상태라고 합니다. 어른들도 대략 86만 명 이상이 이미 게임 중독 상태라는 보도도 나오고 있습니다. 그런데 청소년들이 주로 하는 게임의 내용들이 무엇입니까? 보도에 의하면 대부분이 사람을 죽이거나, 난폭하게 상해를 입혀야 더 많은 점수가 올라간다면서요? 사람들을 잔인하게 죽이고, 폭력으로 상해를 가하는 것에서 쾌감을 느끼며, 그것에 몰입하여 몇 시간, 아니 며칠씩 게임을 한다니! 이것이 무덤에서 시체들과 함께 살기를 더 좋아하는 광인과 무엇이 다릅니까?

현대인들도 거라사 광인처럼, 하나님 안에서 주어지는 평화와 생명과 안식을 불편하게 느끼고 있습니다. 오히려 죽음과 함께 사는 것을 더 자연스럽게 여기고 있습니다. 이것이 사람들이 교회에 나오지 않는 중요한 이유입니다. 이것이 사람들이 교회보다는 게임장이나 피시방이나, 술집과 유흥업소로 몰려가는 이유입니다. 이것이 교회보다는 세상의 쾌락과 운동경기장을 찾는 사람들의 비참한 상황입니다. 혹 여러분 중에는 '운동경기처럼 가장 생명력이 약동하는 곳이 어디 있나요?' 라고 반문하실 분도 있을 것입니다. 그러나 여러분 가장 넘치는 에너지가 있는 그곳에도 사단과 죽음이 지배하고 있습니다. 얼마나 많은 사람들이 자신들의 삶의 의미를 잃고 스포츠 경기에 몰입하는지 아십니까? 그들은 가족들과 함께하는 것을 버리고 그런 경기를 보기 위해 밤새도록 TV 앞에 앉아있습니다. 또한 스포츠경기마저도 도박의 대상이 되었습니다. 머지않아 우리나라는 도박 중독자 숫자에서도 세계 1위를 하게 될 것이라고 합니다. 사람들이 활동하는 모든 곳에서 죽음의 음산한 냄새가 진동하고 있습니다. 이렇게 사람들은 하나님 안에서의 평안과 안식보다는 절망적인 무덤과 같은 곳에서 대부분의 시간을 보내고 있습니다.

여러분 중에도 하나님을 예배하고, 하나님 말씀 안에서 기쁨과 안식을 누리는 것보다 게임을 더 좋아하고, 스포츠 경기에 더 열광한다면, 무덤에서 살기를 더 좋아하는 이 광인과 무엇이 다르겠습니까?

2) 세상이 주는 해결책(자유) ; 또 다른 속박

세상 사람들이 그 광인을 돕기 위해서 한 일은 무엇이었습니까? 그들이 그를 위해 할 수 있었던 일은 고작해야 쇠사슬과 쇠고랑에 매어 놓는 것이었습니다. 그래서 자신과 다른 사람들에게 피해를 주지 못하도록 하는 것뿐이었습니다. 그를 동정하고 사랑하는 사람들이 그에게 해줄 수 있는 최선의 것이란 그의 몸을 쇠사슬과 쇠고랑으로 묶어서 그를 지키는 것뿐이었습니다. 그러나 이것은 소용없는 일이었을 뿐 아니라 그를 더욱 괴롭히는 일이었습니다. 왜냐하면 귀신이 그를 더욱 거세게 몰아 쇠사슬과 고랑을 끊고 그를 광야로 몰아가곤 했기 때문입니다(29절). 이 광인은 이런 상태에서 얼마나 오랫동안 이런 비참한 상황에서 벗어나기 위해 발버둥 쳤을까요?

여러분은 여기에서 무엇을 봅니까? 세상은 귀신과 사단의 압제 아래 있는 사람에게 진정한 치료를 제공하지 못한다는 것입니다. 옛날이나 오늘날이나 사람들은 어떤 문제가 터지면 제일 먼저 법이 약해서 그렇다고 진단합니다. 그래서 한 바탕 소동을 피우며 법을 강화하는 작업을 합니다. 최근에도 학교 폭력이 사회문제로 대두될 정도로 심각해지자, 정부와 국회와 시민 사회단체들까지 나서서 학교폭력을 차단할 수 있는 강력한 법을 만들겠다고 야단입니다. 그러나 여러분 그렇게 한다고 해서 학교 폭력이 사라질까요? 여러분은 그렇게 생각하십니까? 역사는 무엇을 말하고 있습니까? 어떤 강력한 법도 사람들의 본성을 바꾼 경우는 역사상 단 한 번도 없었습니다. 사람들이 그렇게 거칠고 통제 불능인 상태로 자신과 다른 사람을 해치는 것은 귀신들처럼 하나님을 거부하기 때문입니다. 따라서 강한 억제정책은 일시적인 효과는 있을 수 있으나, 강하게 누른 것만큼 강하게 튀어 오르게 되어 있습니다. 이것이 역사가 우리에게 들려주는 교훈입니다.

이제 어떤 사람들은 새로운 방법을 도입하기 시작했습니다. 억압하는 것만으로는 문제를 해결할 수 없다는 것을 알았습니다. 그래서 이제부터는 사람들의 자존감을 높여주고, 그들의 무의식 상태에 잠재해 있는 과거의 상처를 치료하면 해결할 수 있다고 주장합니다. 바로 심리 상담을 통해서 사람들의 문제를 해결할 수 있을 것처럼 기대하고 있습니다. 학교에서 성폭력 사건이 자주 발생하니까 학교에 전담 상담 교사가 배치되기 시작했습니다. 그리고 사회에서는 가정문제들을 비롯한 다양한 분야의 상담센터들이 들어서고 있습니다. 최근에는 정신과 의사들이 높은 대우를 받게 되었습니다. 그만큼 그들의 일이 많아지고 있다는 증거입니다. 그렇다면 과연 상담으로 이와 같은 문제들이 해결될 수 있을까요?

많은 사람들이 좋은 집이 자유를 줄 것이라고 생각했지만, 대출 이자라고 하는 쇠사슬에 매여 있습니다. 많은 부모들이 사교육이 명문 대학과 자녀의 성공을 보장해 줄 것이라고 생각했지만, 오히려 사교육비라는 쇠고랑에 매여서 고통당하고 있습니다. 학생들은 성적과 대학이라는 쇠사슬과 쇠고랑에 매여 신음하고 있습니다. 그러나 이런 문제를 해결하겠다고 나선 정부는 문제를 더 꼬이게 하고 있습니다. 그래서 시간이 갈수록 사람들의 문제는 점점 더 심각해지고 있습니다. 이는 세상이 제시하는 방법들이 진정한 해방을 주는 것이 아니라 또 다른 방식의 억압에 불과하다는 증거입니다.

인본주의적인 방식으로 사람들을 도우려는 눈물겨운 노력이 다양한 방면에서 계속되고 있습니다. 그런데 왜 자꾸 실패하는 것일까요? 왜 그렇게 오랫동안 연구하고 관찰하고 실험해서 만들어 놓은 법과 제도와 약과 병원이, 그리고 상담센터들이 사람들의 문제를 해결할 수 없을까요? 인류는 그동안 축적해온 지식과 자원을 투자해서 최첨단 IT기술을 개발하여 삶의 불편한 것들과 질병의 고통에서 상당한 해방과 안정을 얻었습니다. 그래서 이제는 더 많이 쉬고 더 많은 여가를 확보하고 있습니다. 그런데 왜 사람들은 여전히 황량한 무덤과 같은 광야에서 방황할까요? 왜 사람들이 그토록 심사숙고해서 내놓은 진단과 처방이 오히려 문제를 더 악화시킬까요? 여러분은 그 이유를 아십니까?

이러한 사람들의 노력이 현상적인 문제들은 어느 정도 해결했습니다. 그러나 그것들은 근본적인 치료를 제시하지 못했습니다. 왜 그럴까요? 그것은 사람들이 인생 문제에 대한 진단을 잘못하고 있기 때문입니다. 이론과 전제에 오류가 있다면 그 결과는 당연히 나쁘게 나올 수밖에 없습니다. 이는 모든 학문 활동과 현실세계에서도 입증되었습니다. 사람들의 진단의 오류는 사람이 하나님의 형상으로 창조되었다는 것을 인정하지 않는 것에서 비롯됩니다. 그들은 인간이 스스로 존재할 수 있다는 전제에서 시작합니다. 그래서 현실에서 나타나는 고통의 다양한 증상들은 비교적 잘 파악하지만 결코 그 문제의 근본 원인을 발견하지 못합니다. 그래서 사람들이 해결책이라고 내놓은 것은 진통제처럼 일시적인 효과는 있지만 오히려 원인을 악화시킵니다. 만약 사람들이 스스로의 힘으로 자신들의 문제를 해결할 수 있었다면, 예수님은 이 땅에 오시지 않았을 것입니다. 거라사 광인에게 예수님께서 찾아 오셔야만 했던 것처럼, 죄로 인해 죽어 있는 사람들의 문제는 예수님께서 찾아 오셔야만 근본적으로 해결할 수 있습니다.

3) 진정한 자유를 주시는 예수님께서 찾아오심

28절에 보면 귀신들은 영적인 존재이기 때문에 예수님을 금방 알아보고 그에게 부르짖으며 엎드려 큰 소리로 말합니다. "하나님의 아들 예수여 나와 당신과 무슨 상관이 있나이까? 당신께 구하노니 나를 괴롭게 마옵소서 때가 이르기 전에 우리를 괴롭게 하려고 여기 오셨나이까?"(마

8:29) 이 말은 광인의 입에서 나온 말이지만, 그 광인의 음성과 입을 빌린 것일 뿐 그것은 귀신의 말이었습니다. 귀신이 이렇게 말한 것은 예수님께서 이미 영적으로 명하사 "이 사람에게서 나오라"하셨기 때문이었습니다.

앞에서 예수님의 제자들은 "저가 뉘기에 바람과 물을 명하매 순종하는고?"(25절)라고 하면서 예수님의 신분에 대해서 아직도 잘 몰랐습니다. 그러나 영적인 존재인 귀신들은 예수님의 신분을 "하나님의 아들"이라는 사실을 곧바로 알아보고 인정합니다. 비록 귀신 들린 자의 입을 통해서라도 예수님께서 하나님의 아들이심이 분명히 입증된 것입니다.

예수님께서 물었습니다. "네 이름이 무엇이냐?" 귀신이 대답합니다. "군대입니다." 군대(레기온)는 로마시대의 군단(軍團)의 단위로 오천 명 정도의 병사로 구성되었습니다. 그런데 이렇게 많은 귀신들이 예수님 앞에서는 벌벌 떨면서 "무저갱으로 들어가라"하지 마시기를 간절히 구합니다. 우리는 여기서 놀라운 사실을 발견할 수 있습니다. 바로 우리의 육신의 눈으로는 볼 수 없는 영적 존재들인 귀신들이 사람을 사로잡고 활동하고 있다는 사실입니다. 귀신들은 사람을 사로잡고 온갖 죄를 짓게 하며 고통 속으로 빠뜨립니다. 또한 부끄러움과 수치를 모르게 하며 자신과 다른 사람들을 해롭게 합니다.

이러한 귀신들의 파괴적인 힘은 돼지 떼를 몰아서 일순간에 몰살당하게 할 만큼 강력했습니다. 그러나 이런 귀신들도 예수님 앞에서는 두려워서 벌벌 떠는 것을 보게 됩니다. "그 사람에게서 나오라"는 한마디에 제 아무리 악한 영이라도 굴복하여 떠날 수밖에 없습니다. 이것을 통해서 예수님께서는 우리가 보지 못하는 영적 세계와 영적인 존재들까지도 완벽히 통치하시는 분이심을 보여주신 것입니다.

예수님은 보이는 세계뿐만 아니라 보이지 않은 영적인 세계와 만물도 다스리시는 하나님이십니다. 바울은 이렇게 선언합니다. "만물이 그에게 창조되되 하늘과 땅에 보이는 것들과 보이지 않은 것들과 혹은 보좌들이나 주관들이나 정사들이나 권세들이나 만물이 다 그로 말미암고 그를 위하여 창조되었고 또한 그가 만물보다 먼저 계시고 만물이 그 안에 함께 섰느니라."(골 1:16-17)

그런데 귀신들은 이런 영광의 아들을 만났음에도 불구하고, 그를 기뻐하거나 찬양하지 않았습니다. 오히려 "당신과 우리가 무슨 상관이 있나이까?"라고 하면서 강한 적의를 나타내 보였습니다. 이는 사단과 귀신들이 하나님과 그의 아들 그리스도를 끊임없이 대적하고 거역하는 세력이라는 것을 보여줍니다. 또한 귀신들은 예수 그리스도께서 그들을 영원히 멸하실 분이라는 것까지도 알고 두려워합니다.

사단은 태초부터 인간에게 죄를 범하게 하고 거짓으로 속여서 하나님을 불신하고 배반하도록 하였습니다. 그래서 인류 가운데 일어나는 모든 비참한 일들은 사단과 그의 사자들인 귀신들이 사람들을 미혹하였기 때문에 일어난 것입니다. 에베소서 2:1-3을 보십시오.

"너희의 허물과 죄로 죽었던 너희를 살리셨도다. 그때에 너희가 그 가운데 행하여 이 세상 풍속을 좇고 공중의 권세 잡은 자를 따랐으니 곧 지금 불순종의 아들들 가운데서 역사하는 영이라 전에는 우리도 다 그 가운데서 우리 육체의 욕심을 따라 지내며 육체와 마음의 원하는 것을 하여 다른 이들과 같이 본질상 진노의 자녀이었더니"

사단은 사람들의 육체의 정욕을 부추깁니다. 그리고 사람들이 하나님을 대적하는 세상의 정신을 따라 살면서 계속해서 하나님 앞에 진노를 쌓는 일만 하도록 합니다. 이런 상황 속에서 사람들은 눈에 보이는 세계가 전부인 것으로 알고 눈에 보이지 않는 세계에 대해서는 무시합니다. 그러나 영적인 실상을 보면, 사람들을 사로잡아 하나님을 대적하게 하고, 자신들을 파멸로 이끌며 다른 사람들을 괴롭게 하는 강력한 영적인 세력이 배후에 있습니다.

얼마 전 뉴스에 한국에도 많은 사람들이 정신질환을 앓고 있으며 그 숫자가 갈수록 늘어나고 있다고 합니다. 모든 정신질환이 사단으로부터 직접 온 것은 아닐지라도 사단과 악한 영들은 끊임없이 인간의 삶에 개입하여 괴롭히고 있습니다. 그래서 인간을 미혹하고 유혹하며 온갖 죄를 짓도록 충동질하고 있습니다. 눈에 보이지 않는 적이 더 무서운 것처럼 인간에게 가장 무서운 대적은 사단과 귀신들입니다. 그러니 이런 영적인 실상을 알지 못하고 무지와 어둠 가운데 사는 것이 얼마나 위험한 일이겠습니까?

우리는 이런 사단의 전술과 전략을 다 알 수도 없지만 안다고 해서 우리 힘만으로는 사단을 당해낼 수 없습니다. 인간이 아무리 지혜로워도 사단의 궤계를 당할 수 없습니다. 왜냐하면 사단은 온전한 지혜를 가졌던 아담과 하와를 속였던 간교한 자입니다.

그렇다면 희망이 없는 것일까요? 아닙니다. 인간이 범죄한 직후에 하나님께서는 인간의 구원을 약속하셨습니다. 여인의 후손을 통해서 사단을 철저히 제압할 것을 약속했습니다. 창세기 3:15절입니다.

"내가 너로 여자와 원수가 되게 하고 너의 후손도 여자의 후손과 원수가 되

게 하리니 여자의 후손은 네 머리를 상하게 할 것이요 너는 그의 발꿈치를 상하게 할 것이니라" 여인의 후손으로 그리스도께서 오셔서 사단을 궤멸하고 하나님 나라를 회복하실 것을 약속하신 것입니다. 이 약속대로 예수님께서 그리스도로 오셔서 사단을 멸하시기 시작하신 것입니다. 그래서 이것을 알고 있는 사단은 "무저갱으로 들어가라"(31절)는 명령이 떨어지지 않기를 간구했던 것입니다.

예수님께서 바로 이 여인의 후손으로 오셔서 사단에게 매여 고통당하는 사람들을 구원하시는 것입니다. 귀신들은 이 사실을 알았기 때문에 "때가 이르기 전에 우리를 괴롭게 하시려고 여기 오셨나이까?"(마 8:29)라고 했습니다. 귀신들은 때가 되면 예수님께서 그들을 심판하셔서 자신들을 괴롭히실 것, 즉 영원한 심판으로 멸하실 것을 잘 알고 있었던 것입니다. 요한계시록 20장 10절에 보면 마지막 날에 예수님께서 마귀와 그를 따르는 악한 영들을 다 무저갱으로 던져 넣으실 것을 미리 보여줍니다. 그것을 알았기에 귀신들이 이렇게 두려워하며 간구한 것입니다.

예수님은 귀신들의 간구를 들으시고 돼지 떼에 들어가는 것을 허락하셨습니다. 그러자 돼지 떼가 비탈로 내리달아 호수에 들어가 몰사했습니다(33절). 이렇게 귀신들이 돼지 떼에 들어가자마자 몰사하게 되는 것은 사단과 그의 세력들이 얼마나 파멸적인 결과를 낳는 존재인지를 보여 줍니다. 사단은 세상의 화려함과 육신의 정욕을 부추겨서 사람들을 유혹하고 죄악된 쾌락에 탐익하게 하지만 그 결과는 참담한 파멸만이 있음을 보여 줍니다. 사단은 음녀와 같이 "우리가 아침까지 흡족하게 서로 사랑하며 사랑함으로 희락하자"라고 유혹합니다(잠 7:18). 그러나 그 결과는 "소가 도살장으로 가는 것 같고 미련한 자가 벌을 받으려고 쇠사슬에 매이러 가는 것과 일반이라"(잠 7:22)고 성경은 반복적으로 경고해 줍니다.

사랑하는 형제자매 여러분!

사단은 세상을 앞세워서 온갖 것들로 여러분을 유혹하여 하나님을 떠나게 하려 할 것입니다. 만약 여러분이 그를 따른다면 스스로 쇠사슬에 매여 죽음의 길로 나서는 것입니다. 그러면 일순간에 몰살당한 돼지 떼와 같은 비참한 결말이 여러분을 기다리고 있음을 기억해야 할 것입니다.

예수님께서 찾아오셔서 귀신들을 쫓아내심으로 그 광인은 온전히 회복되었습니다. 그는 이제 옷을 입었고, 정신이 온전하여졌습니다. 그의 몸과 마음이 온전히 회복되었습니다. 그는 이제 사단의 세력들로부터 완전히 해방되었고, 죄와 사망의 고통에서 해방되었습니다. 자유케 된 그는 더 이상 무덤에서 살지 않습니다. 그는 "흑암의 권세에서 사랑의 아들의 나라로 옮겨졌습니다."(골 1:13) 그는 이제 인생의 진정한 만족과 기쁨을 맛보게 되었습니다. 사단은 더 이상 그를 지배할 수 없습니다. 그의 왕은 평강의 왕 예수님입니다. 그래서 그는 이제 "사망이나 생명이나 천사들이나 권세 자들이나 현재 일이나 장래일이나 능력이나 높음이나 깊음이나 다른 아무 피조물도" 두려워하지 않습니다. 왜냐하면 그 어떤 것도 "우리 주 예수 그리스도 안에 있는 하나님의 사랑에서 우리를 끊을 수 없기" 때문입니다(롬 8:38-39).

여러분도 이렇게 예수님 안에서 전인(全人)이 온전히 회복될 수 있습니다. 그것을 위해 예수님께서 여러분을 찾아오셨습니다. 예수님께서 당신에게 사랑의 손길을 내밀고 있습니다. 그 사랑과 치유의 손길을 거부하지 마십시오. 진정한 해방자이신 예수님께 당신의 고통을 아뢰고 부르짖으십시오. 시편 107편 10-16을 보십시다.

사람이 흑암과 사망의 그늘에 앉으며
곤고와 쇠사슬에 매임은
하나님의 말씀을 거역하며 지존자의 뜻을 멸시함이라!

그러므로 수고로 저희 마음을 낮추셨으니,

저희가 엎드러져도 돕는 자가 없었도다.

이에 저희가 그 근심 중에 여호와께 부르짖으매,

그 고통에서 구원하시되 흑암과 사망의 그늘에서 인도하여 내시고,

그 얽은 줄을 끊으셨도다!

여호와의 인자하심과 인생에게 행하신 기이한 일을 인하여

그를 찬송할찌로다!

저가 놋문을 깨뜨리시며 쇠 빗장을 꺾으셨음이로다.

이 시는 누가복음 8장의 이 사건을 그림처럼 해설해주고 있습니다. 하나님을 떠난 사람이 고통 중에서 다시 하나님께 돌아와 간구할 때, 그의 회복과 치료가 이처럼 온전하게 이루어지는 것입니다. 예수님께 나와서 그에게 부르짖으면 그가 들으시고 구원하실 것입니다. 시편 107편 20절을 보십시오. "저가 그 말씀을 보내어 저희를 고치사 위경에서 건지셨도다!" 예수님께서는 사단과 악한 영들의 속임수와 압제를 꺾으시고, 당신을 능히 구원하시고 보호하실 것입니다. 우리를 찾아오신 예수님은 하나님의 아들이십니다. 바람과 바다를 명하여 잠잠케 하시며, 사단과 귀신들을 말씀으로 명령하여 쫓아내시는 분이십니다.

이 예수님만을 붙잡으시길 바랍니다.

3. 자유를 주시는 예수님을 영접하십시오!

마지막으로 이 예수님을 만난 사람들의 반응을 살펴보도록 합시다.

1) 자유를 회복한 사람

온전한 회복을 경험한 그는 예수님의 발아래 앉았습니다. 발아래 앉았다는 것은 예수님의 제자로 살겠다는 것을 의미하는 관용구적 표현입니다. 이렇게 구원받고 회복된 사람은 예수님과 함께 있기를 구합니다. 그래서 이 사람은 예수님께서 배를 타고 떠나려하실 때 자신도 함께 가기를 청하였습니다(38절). 그러나 예수님께서는 그를 집으로 보내면서 명령하십니다. "집으로 돌아가 하나님이 네게 어떻게 큰 일 행하신 것을 일일이 고하라" 그러자 그는 가족과 온 성내에 돌아가서 "예수께서 자기에게 어떻게 큰일을 하신 것을 온 성내에 전파"했습니다(39절). 그 자유를 회복한 사람은 자신이 만난 분이 하나님이셨다고 자기 집과 온 성에 전했습니다.

여기서 알 수 있는 한 가지는 은혜 받았다고 해서 모두 풀타임 사역자인 목사나 선교사가 되어야 한다고 생각하지 않아야 한다는 것입니다. 여러분이 학교생활 속에서 예수님을 만나서 은혜를 받았다면, 학교 현장이 곧 증거의 현장이어야 합니다. 여러분이 활동하는 학교와 직장과 가정에서 변화된 삶을 통해서 예수님이 진정한 구원자시라고 증거 해야 합니다. 그런데 간혹 우리 주변에는 자신을 알고 있는 이웃 사람들에게서는 예수님의 제자라는 인정을 받지 못하면서도 목사나 선교사가 되겠다고 나서는 사람들이 많습니다. 이것은 옳지 않습니다. 나중에 목사나 선교사로 부름을 받더라도 우선 현재의 은혜 받은 자리에서 예수님의 제자답게 살아야 합니다. 제자의 삶을 통해 하나님의 은혜의 영광을 찬양해야 합니다.

2) 여전히 속박아래 있는 사람들

거라사 사람들은 이렇게 큰 하나님의 일을 보고서 두려워하였습니다. 그런데 이것이 웬일입니까? 그들은 예수님께 그곳을 떠나 달라고 부탁하고 있습니다(37절). 이들은 한 영혼이 새 생명을 얻고 온전한 삶을 회복한 것보다 자신들의 돼지를 더 소중하게 생각했습니다. 이들은 사람의 영혼보다 물질의 가치를 더 크게 생각한 것입니다. 이러한 경향은 오늘날 황금만능주의가 만연한 사회 속에서 더 확연하게 나타나고 있습니다. 사람들은 이렇게 자유를 주시는 예수님이 누구신지를 알아보려 하지 않았습니다. 그들은 예수님이 자기 마을에 계심으로써 자신들에게 혹시 있을 지도 모를 경제적 손해를 더 두려워했습니다. 그래서 그들은 이구동성으로 제발 떠나달라고 부탁한 것입니다. 이렇게 영적인 일에 무지한 사람들은 죄와 사망에서 구원하려 오신 예수님을 거부합니다.

여러분! 여기 거라사 사람들의 말을 다시 한 번 잘 살펴봅시다. "때가 되기도 전에 왜 우리를 찾아와 괴롭게 하려 하시나이까?"라고 항변했던 귀신들의 말과 비슷하지 않습니까? 정말 놀랍지 않습니까? 가장 정상적인 삶을 산다고 자부하는 이 사람들이 예수님에 대해서는 귀신과 똑같은 태도를 보이고 있습니다. "제발 우리를 내버려두고 떠나 주세요!" 보통 사람들의 눈에는 거라사인들이 정상으로 보일 것입니다. 그러나 실상은 그들도 사단과 악한 영의 지배를 받고 있음이 드러났습니다. 앞서 에베소서 2장에서 보았던 것처럼 세상 풍속, 즉 세상의 정신을 따라 사는 것은 결국 사단에게 종살이하는 것임이 여기에서 정확하게 입증되고 있습니다.

여러분! 사람이 지극히 정상적으로 생활하고 대단한 지성을 소유했다고 해도 이렇게 영적으로는 사단에게 종살이 하고 있습니다. 우리는 사회적으로 성공한 엘리트들은 그렇지 않을 것이라고 생각하려는 경향이 있습니다. 그러나 결코 그렇지 않습니다. 그들도 사단에게 붙잡혀서 세상의 정신을 따라 살고 있습니다. 그래서 그들도 똑같은 고통을 당하고 있습니다. 그들의 고통과 투쟁은 양상은 다르지만 본질적으로는 광인(狂人)이나 노숙자들과 결코 다르지 않습니다. 사단에게 매여 있는 사람들은 모두가 세상을 전부로 알고 그것을 더 얻으려고 투쟁하며 살다가 결국은 허무하게 멸망하는 것입니다.

바로 이런 사람들을 구원하시려고 하나님의 아들이 이 땅에 오신 것입니다. 우리 인생의 근본 문제는 바로 예수님께로 나아갈 때만 해결될 수 있습니다. 여러분을 괴롭게 하는 것이 무엇이든 그것을 들고 예수님께로 나오십시오. 예수님께서는 여러분에게 생명을 주시기 위해 찾아 오셨고, 여러분을 부르고 계십니다.

"수고하고 무거운 짐 진 자들아 다 내게로 오라. 내가 너희를 쉬게 하리라. 나는 마음이 온유하고 겸손하니 나의 멍에를 메고 내게 배우라. 그러면 너희 마음이 쉼을 얻으리니 이는 내 멍에는 쉽고 내 짐은 가벼움이라 하시니라"(마 11:28-30)

예수님만이 우리의 현세적인 고통과 영적인 고통에서 완전한 자유를 주실 수 있습니다. 예수님을 영접하시고, 예수님께 여러분의 모든 짐을 내려놓으십시오. 그러면 그가 진정한 자유를 주실 것입니다.

2장

조정 경기

에스겔 16:1~63

조정 경기 (본문 말씀 에스겔 16장 1절~ 63절)

1또 여호와의 말씀이 내게 임하여 이르시되 2인자야 예루살렘으로 그 가증한 일을 알게 하
여 3이르기를 주 여호와께서 예루살렘에 관하여 이같이 말씀하시되 네 근본과 난 땅은 가나
안이요 네 아버지는 아모리 사람이요 네 어머니는 헷 사람이라 4네가 난 것을 말하건대 네
가 날 때에 네 배꼽 줄을 자르지 아니하였고 너를 물로 씻어 정결하게 하지 아니하였고 네게
소금을 뿌리지 아니하였고 너를 강보로 싸지도 아니하였나니 5아무도 너를 돌보아 이 중에
한 가지라도 네게 행하여 너를 불쌍히 여긴 자가 없었으므로 네가 나던 날에 네 몸이 천하게
여겨져 네가 들에 버려졌느니라 6내가 네 곁으로 지나갈 때에 네가 피투성이가 되어 발짓하
는 것을 보고 네게 이르기를 너는 피투성이라도 살아 있으라 다시 이르기를 너는 피투성이
라도 살아 있으라 하고 7내가 너를 들의 풀 같이 많게 하였더니 네가 크게 자라고 심히 아름
다우며 유방이 뚜렷하고 네 머리털이 자랐으나 네가 여전히 벌거벗은 알몸이더라 8내가 네
곁으로 지나며 보니 네 때가 사랑을 할 만한 때라 내 옷으로 너를 덮어 벌거벗은 것을 가리
고 네게 맹세하고 언약하여 너를 내게 속하게 하였느니라 나 주 여호와의 말이니라 9내가
물로 네 피를 씻어 없애고 네게 기름을 바르고 10수 놓은 옷을 입히고 물돼지 가죽신을 신기
고 가는 베로 두르고 모시로 덧입히고 11패물을 채우고 팔고리를 손목에 끼우고 목걸이를
목에 걸고 12코고리를 코에 달고 귀고리를 귀에 달고 화려한 왕관을 머리에 씌웠나니 13이
와 같이 네가 금, 은으로 장식하고 가는 베와 모시와 수 놓은 것을 입으며 또 고운 밀가루와
꿀과 기름을 먹음으로 극히 곱고 형통하여 왕후의 지위에 올랐느니라 14네 화려함으로 말
미암아 네 명성이 이방인 중에 퍼졌음은 내가 네게 입힌 영화로 네 화려함이 온전함이라 나

조정 경기 (본문 말씀 에스겔 16장 1절~ 63절)

주 여호와의 말이니라 15그러나 네가 네 화려함을 믿고 네 명성을 가지고 행음하되 지나가
는 모든 자와 더불어 음란을 많이 행하므로 네 몸이 그들의 것이 되도다 16네가 네 의복을
가지고 너를 위하여 각색으로 산당을 꾸미고 거기에서 행음하였나니 이런 일은 전무후무하
니라 17네가 또 내가 준 금, 은 장식품으로 너를 위하여 남자 우상을 만들어 행음하며 18또
네 수 놓은 옷을 그 우상에게 입히고 나의 기름과 향을 그 앞에 베풀며 19또 내가 네게 주어
먹게 한 내 음식물 곧 고운 밀가루와 기름과 꿀을 네가 그 앞에 베풀어 향기를 삼았나니 과
연 그렇게 하였느니라 주 여호와의 말씀이니라 20또 네가 나를 위하여 낳은 네 자녀를 그들
에게 데리고 가서 드려 제물로 삼아 불살랐느니라 네가 네 음행을 작은 일로 여겨서 21나의
자녀들을 죽여 우상에게 넘겨 불 가운데로 지나가게 하였느냐 22네가 어렸을 때에 벌거벗
은 몸이었으며 피투성이가 되어서 발짓하던 것을 기억하지 아니하고 네가 모든 가증한 일
과 음란을 행하였느니라 23주 여호와의 말씀이니라 너는 화 있을진저 화 있을진저 네가 모
든 악을 행한 후에 24너를 위하여 누각을 건축하며 모든 거리에 높은 대를 쌓았도다 25네가
높은 대를 모든 길 어귀에 쌓고 네 아름다움을 가증하게 하여 모든 지나가는 자에게 다리를
벌려 심히 음행하고 26하체가 큰 네 이웃 나라 애굽 사람과도 음행하되 심히 음란히 하여 내
진노를 샀도다 27그러므로 내가 내 손을 네 위에 펴서 네 일용할 양식을 감하고 너를 미워하
는 블레셋 여자 곧 네 더러운 행실을 부끄러워하는 자에게 너를 넘겨 임의로 하게 하였거늘
28네가 음욕이 차지 아니하여 또 앗수르 사람과 행음하고 그들과 행음하고도 아직도 부족
하게 여겨 29장사하는 땅 갈대아에까지 심히 행음하되 아직도 족한 줄을 알지 못하였느니

조정 경기 (본문 말씀 에스겔 16장 1절~ 63절)

라 30주 여호와의 말씀이니라 네가 이 모든 일을 행하니 이는 방자한 음녀의 행위라 네 마음
이 어찌 그리 약한지 31네가 누각을 모든 길 어귀에 건축하며 높은 대를 모든 거리에 쌓고도
값을 싫어하니 창기 같지도 아니하도다 32그 남편 대신에 다른 남자들과 내통하여 간음하
는 아내로다 33사람들은 모든 창기에게 선물을 주거늘 오직 너는 네 모든 정든 자에게 선물
을 주며 값을 주어서 사방에서 와서 너와 행음하게 하니 34네 음란함이 다른 여인과 같지 아
니함은 행음하려고 너를 따르는 자가 없음이며 또 네가 값을 받지 아니하고 도리어 값을 줌
이라 그런즉 다른 여인과 같지 아니하니라 35그러므로 너 음녀야 여호와의 말씀을 들을지
어다 36주 여호와께서 이같이 말씀하셨느니라 네가 네 누추한 것을 쏟으며 네 정든 자와 행
음함으로 벗은 몸을 드러내며 또 가증한 우상을 위하며 네 자녀의 피를 그 우상에게 드렸은
즉 37내가 너의 즐거워하는 정든 자와 사랑하던 모든 자와 미워하던 모든 자를 모으되 사방
에서 모아 너를 대적하게 할 것이요 또 네 벗은 몸을 그 앞에 드러내 그들이 그것을 다 보게
할 것이며 38내가 또 간음하고 사람의 피를 흘리는 여인을 심판함 같이 너를 심판하여 진노
의 피와 질투의 피를 네게 돌리고 39내가 또 너를 그들의 손에 넘기리니 그들이 네 누각을
헐며 네 높은 대를 부수며 네 의복을 벗기고 네 장식품을 빼앗고 네 몸을 벌거벗겨 버려 두
며 40무리를 데리고 와서 너를 돌로 치며 칼로 찌르며 41불로 네 집들을 사르고 여러 여인의
목전에서 너를 벌할지라 내가 너에게 곧 음행을 그치게 하리니 네가 다시는 값을 주지 아니
하리라 42그리한즉 나는 네게 대한 내 분노가 그치며 내 질투가 네게서 떠나고 마음이 평안
하여 다시는 노하지 아니하리라 43네가 어렸을 때를 기억하지 아니하고 이 모든 일로 나를

분노하게 하였은즉 내가 네 행위대로 네 머리에 보응하리니 네가 이 음란과 네 모든 가증한
일을 다시는 행하지 아니하리라 주 여호와의 말씀이니라 44속담을 말하는 자마다 네게 대
하여 속담을 말하기를 어머니가 그러하면 딸도 그러하다 하리라 45너는 그 남편과 자녀를
싫어한 어머니의 딸이요 너는 그 남편과 자녀를 싫어한 형의 동생이로다 네 어머니는 헷 사
람이요 네 아버지는 아모리 사람이며 46네 형은 그 딸들과 함께 네 왼쪽에 거주하는 사마리
아요 네 아우는 그 딸들과 함께 네 오른쪽에 거주하는 소돔이라 47네가 그들의 행위대로만
행하지 아니하며 그 가증한 대로만 행하지 아니하고 그것을 적게 여겨서 네 모든 행위가 그
보다 더욱 부패하였도다 48주 여호와의 말씀이니라 내가 나의 삶을 두고 맹세하노니 네 아
우 소돔 곧 그와 그의 딸들은 너와 네 딸들의 행위 같이 행하지 아니하였느니라 49네 아우
소돔의 죄악은 이러하니 그와 그의 딸들에게 교만함과 음식물의 풍족함과 태평함이 있음이
며 또 그가 가난하고 궁핍한 자를 도와 주지 아니하며 50거만하여 가증한 일을 내 앞에서 행
하였음이라 그러므로 내가 보고 곧 그들을 없이 하였느니라 51사마리아는 네 죄의 절반도
범하지 아니하였느니라 네가 그들보다 가증한 일을 심히 행하였으므로 네 모든 가증한 행
위로 네 형과 아우를 의롭게 하였느니라 52네가 네 형과 아우를 유리하게 판단하였은즉 너
도 네 수치를 담당할지니라 네가 그들보다 더욱 가증한 죄를 범하므로 그들이 너보다 의롭
게 되었나니 네가 네 형과 아우를 의롭게 하였은즉 너는 놀라며 네 수치를 담당할지니라 53
내가 그들의 사로잡힘 곧 소돔과 그의 딸들의 사로잡힘과 사마리아와 그의 딸들의 사로잡
힘과 그들 중에 너의 사로잡힌 자의 사로잡힘을 풀어 주어 54네가 네 수욕을 담당하고 네가

조정 경기 (본문 말씀 에스겔 16장 1절~ 63절)

행한 모든 일로 말미암아 부끄럽게 하리니 이는 네가 그들에게 위로가 됨이라 55네 아우 소
돔과 그의 딸들이 옛 지위를 회복할 것이요 사마리아와 그의 딸들도 그의 옛 지위를 회복할
것이며 너와 네 딸들도 너희 옛 지위를 회복할 것이니라 56네가 교만하던 때에 네 아우 소돔
을 네 입으로 말하지도 아니하였나니 57곧 네 악이 드러나기 전이며 아람의 딸들이 너를 능
욕하기 전이며 너의 사방에 둘러 있는 블레셋의 딸들이 너를 멸시하기 전이니라 58네 음란
과 네 가증한 일을 네가 담당하였느니라 나 여호와의 말이니라 59나 주 여호와가 이같이 말
하노라 네가 맹세를 멸시하여 언약을 배반하였은즉 내가 네 행한 대로 네게 행하리라 60그
러나 내가 너의 어렸을 때에 너와 세운 언약을 기억하고 너와 영원한 언약을 세우리라 61네
가 네 형과 아우를 접대할 때에 네 행위를 기억하고 부끄러워할 것이라 내가 그들을 네게 딸
로 주려니와 네 언약으로 말미암음이 아니니라 62내가 네게 내 언약을 세워 내가 여호와인
줄 네가 알게 하리니 63이는 내가 네 모든 행한 일을 용서한 후에 네가 기억하고 놀라고 부
끄러워서 다시는 입을 열지 못하게 하려 함이니라 주 여호와의 말씀이니라

에스겔 16:1~63

2장 조정 경기

에스겔 16:1~63

들어가며: 시지프스 신화

역사상 인생을 가장 진지하게 살고자 고민했던 사람들은 실존주의자들입니다. 실존주의 작가 중에 알베르 카뮤라는 프랑스 작가가 있습니다. 그의 작품 『시지프스 신화』는 부조리한 세상에서 인간이 어떻게 살아야 하는지를 말하고 있습니다. 내용은 대강 이렇습니다. 신에게 죄를 범한 시지프스는 높은 바위산에 커다란 바위를 굴러 올려야하는 형벌을 받습니다. 그는 온힘을 다해서 그 큰 바위를 산꼭대기에 올려놓지만, 바위는 곧바로 아래로 굴러 떨어져 버립니다. 그러면 그는 다시 아래로 내려가서 온 힘을 다해서 바위를 올려놓기를 계속 반복합니다. 하늘이 없는 공간, 측량할 수 없는 시간 속에서 끝없이 같은 일을 반복해야 하는 영겁(永劫)의 형벌입니다. 카뮤는 이것이 부조리한 세상에서 인간의 숙명으로 보았습니다. 맞습니다. 이것을 우리도 목도(目睹)하고 있습니다. 이런 점에서 실존주의자들도 문제는 잘 파악했습니다.

카뮤는 부조리하고 허무한 인생에서 도피하지 말라고 처방합니다. 그렇다면 이 부조리한 세상에서 어떻게 살 것인가? 그는 시지프스를 대답으로 제시합니다. 영겁의 형벌을 받으면서도 결코 포기하거나 좌절하지 않고, 땀을 흘리며 성실하게 그 일을 수행하는 그를 본받으라는 것입니다. 카뮤는 말합니다. "그가 흘리는 땀방울이 얼마나 아름다운가? 그가 그 바위를 계속해서 밀어 올리기 위해서 발달된 근육과 힘을 보라!" 아무리 부조리하고 허무한 인생일지라도 포기하지 말고 성실하게 일함으로써 인생의 의미를 발견하라는 것입니다. 이것이 세상과 인생을 가장 진지하게 살고자 고민했던 인본주의자들의 처방입니다.

여러분은 어떻게 생각하십니까? 이렇게 부조리하고 허무한 세상에서 시지프스처럼 성실하게 일함으로써 인생의 의미와 보람을 찾을 수 있다고 생각하십니까? 성경은 어떻게 진단하고 처방합니까? 성경도 이 세상이 부조리함을 인정합니다. 뿐만 아니라 왜 이 세상이 이처럼 부조리하게 되었는지 근본 원인을 말해줍니다.

예레미야 선지자는 인간이 부조리한 세상 속에서 허무한 인생을 살게 된 이유를 두 가지로 진단해 줍니다.

"내 백성이 두 가지 악을 행하였나니 곧 생수의 근원되는 나를 버린 것과 스스로 웅덩이를 판 것인데 그것은 물을 저축지 못할 터진 웅덩이니라" (렘 2:13) 세상이 이렇게 부조리하게 된 것과 인생이 허무에 굴복하게 된 것은 무엇보다 생명의 근원되신 하나님을 버렸기 때문입니다. 진정한 만족과 기쁨의 근원이 되시는 하나님을 떠난 것이 모든 불행의 원인입니다. 하나님을 떠난 사람들은 자신의 행복과 만족을 위해서 물을 저축치 못할 웅덩이를 팠습니다. 사람들은 최선을 다하여 하나님 없이 행복을 얻고자 했습니다. 그러나 그들의 노력은 애석하게도 깨진 독에 물을 퍼다 붙는 것과 같이 아무런 만족을 주지 못했고 허무만 남았습니다. 이것이 세상이 부조리한 이유이며, 인간이 고통에 빠진 근본원인입니다. 따라서 사람은 하나님께로 돌아가야만 모든 문제를 해결할 수 있습니다.

사람들은 부조리한 세상일지라도, 성실하게 살다보면 언젠가는 인생의 의미와 행복을 발견할 것이라고 믿었습니다. 그러나 그들이 끝내 발견한 것은 허무와 죽음뿐이었습니다. 아이러니하게도 인생을 가장 진지하게 살고자했던 실존주의자들이 가장 많이 자살했습니다. 성경은 그러한 노력들이 얼마나 허무하고 절망적인 결과를 낳는지를 보여줍니다. 오늘 본문은 하나님 없이 자기 인생을 개척하려는 성실한 노력이 가상할지라도, 오히려 자신을 해롭게 한다는 사실을 보게 합니다. 더 나아가 인본주의적인 처방은 오히려 인간을 더 큰 고통과 멸망으로 이끌어 감을 보여줍니다. 그리고 우리가 이 부조리한 세상을 어떻게 극복하고, 의미 있는 삶을 살 수 있을지를 보여줍니다.

1. 본문의 역사적 배경(1-2절)

유다 백성들은 이미 두 차례에 걸쳐 바벨론에 침략을 받았습니다(주전 605년, 597년). 그때 수많은 인재들과 귀인들이 포로로 끌려갔습니다. 그리고 이제는 완전한 멸망을 앞두고 있는 상황입니다. 임박한 멸망이 눈앞에 있는데도 많은 선지자들은 평강을 외치고 있었습니다. 이런 선지자들은 대다수가 성전과 왕실에 소속된 자들이었습니다. 그들은 백성들에게 임박한 멸망이 아니라 평강과 형통을 설교하여 인기를 누리며 자신들의 이익을 추구하는데 여념이 없었습니다. 따라서 백성들은 참 선지자들이 전하는 메시지에 대해서는 귀를 막아 버립니다. 백성들은 오히려 참 선지자들을 조롱하며 말합니다. "날이 더디고 모든 묵시가 응험이 없다."(겔 12:22) 즉, '너희들의 예언이 아직도 이루어지지 않는 것을 보니 모두 거짓이다.' 라는 것입니다.

유다 백성들은 자신들에게 성전이 있기 때문에, 예루살렘이 다윗 왕조의 수도(首都)이기 때문에 결코 멸망하지 않을 것이라 믿었습니다. 그러나 하나님은 그들이 겉으로는 정통신앙을 갖고 있지만, 마음에는 우상이 가득한 것을 알고 계셨습니다. 하나님께서는 참 선지자들을 통해서 그들에게 임박한 심판을 선언하십니다. 그럼에도 그들은 자신들에게는 성전이 있기 때문에 결코 멸망하지 않을 것이라고 믿었습니다. 그들은 참 선지자가 전하는 하나님의 말씀보다 자신들의 육신의 정욕을 부추기는 거짓 선지자들의 말에 열광했습니다. 하나님은 참 선지자인 에스겔을 통해서 그들의 범죄로 말미암아 반드시 멸망할 것(15:8)이라고 선포했습니다. 계속된 하나님의 선포에 이스라엘 백성들은 항변합니다. "하나님께 이렇게까지 심판하시는 것은 우리의 죄에 비해서 너무 심한 것 아닙니까?" 여기에 대한 하나님의 답변이 바로 16장입니다.

에스겔 16장은 크게 두 부분으로 나눌 수 있습니다. 1-43절과 44-63절입니다. 1-43절은 다시 두 부분으로 나누어집니다. 2-34절은 고소 단락입니다. 35-43절은 심판 선언입니다. 44-63절도 두 부분으로 나눌 수 있는데, 44-52절은 고소 단락이고, 53-63절은 회복을 선언하는 단락입니다.

2. 죄의 패역함(3-34절)

첫 번째 고소단락에서 가장 부각되는 것은 은혜를 배반한 가증한 음녀의 이미지입니다. 오늘날은 죄에 대한 부정확한 가르침이 널리 퍼져있습니다. 어떤 사람들은 죄는 단지 심리적인 질병정도로 생각합니다. 그래서 죄는 상담치료만으로 해결될 것처럼 말합니다. 또 어떤 분은 "죄"를 설명하면서, "죄는 한자어로 罪인데, 넉 사(四)자와 아닐 비(非)가 결합된 것으로서, 네 가지가 아닌 것이다"라고 합니다. 또 어떤 분은 "죄는 헬라어로 '하마르티아'(αμαρτια)인데, 그 의미는 원래 '과녁에서 빗나갔다' 는 의미이다. 그러므로 죄는 하나님이 요구하는 것에서 빗나가는 것을 가리킨다."라고 말합니다. 첫 번째 경우처럼 말도 안 되는 단어 풀이가 어원연구라는 이름으로 널리 인정되고 있습니다. 두 번째의 경우는 약간의 호소력이 있지만 로마서 3장 23절의 "모든 사람이 죄를 범하였으매 하나님의 영광에 이르지 못하더니"라는 구절

이외에는 적용하기 힘든 죄에 대한 부족한 이해입니다.

그렇다면 성경에서 말하는 죄란 무엇일까요? 성경에서 말하는 죄란 첫째로 반드시 해야 할 일을 하지 않는 것입니다(부작위 不作爲, omission의 죄). 둘째로 죄란 결코 해서는 안 되는 일을 하는 것입니다(작위 作爲, commission의 죄). 그래서 웨스트민스터 소요리 문답은 14문답에서 이렇게 말합니다. "죄는 하나님의 법을 순종함에 부족한 것이나 혹은 그 법을 어기는 것입니다." 바로 에스겔 16장은 이런 죄의 속성을 명확하게 보여줍니다. 그러나 본문은 우리에게 '죄란 무엇이다'라고 말하는 것(to tell)이 아니라, 한편의 영화처럼 죄의 실상을 문학적인 기법으로 생생하게 보여줍니다(to show). 이제 본문이 보여주는 죄의 끔찍함을 함께 보도록 합시다.

이스라엘은 피투성인 채로 버려져서 죽을 수밖에 없는 상황이었습니다. "너를 돌아보아 이 중에 한 가지라도 네게 행하여 너를 긍휼히 여긴 자가 없었으므로 네가 나던 날에 네 몸이 꺼린바 되어 네가 들에 버리웠었느니라."(16:5절) 고대 근동에서는 이렇게 원치 않는 아이를 버리는 일이 아주 흔했습니다. 이스라엘은 버려진 아이처럼 어떤 가치도 없었기에 아무도 관심을 갖지 않았습니다. 그들은 그렇게 버려진 채로 죽음을 기다릴 뿐이었습니다(16:4-5). 하나님께서는 그런 존재였던 이스라엘을 살게 해 주셨고, 그를 아름다운 처녀로 성장시켰습니다(16:6-7). 그리고 그를 아내로 맞아 들여서 가장 아름답고 존귀한 왕후로 만들어 주셨습니다(16:8-14). 진멸당해야 할 가나안 출신에 버려져서 들짐승의 먹잇감이 될 뻔한 그 핏덩어리에게 온갖 사랑과 정성을 다 쏟아서 그녀를 양육하였습니다. 더 나아가 그녀를 자신의 아내로 삼고 온 세상이 부러워하는 왕후의 자리에 앉게 해 주었습니다. 이것이 이스라엘에게 베푸신 하나님의 최상의 사랑이었습니다.

그러나 하나님의 언약의 신부였던 이스라엘은 교만에 빠져서 남편이 주신 모든 선물들을 가지고, 우상과 간음했습니다(16:15-19). 심지어는 하나님의 자녀들마저 우상에게 제물로 불살라 바쳤습니다(16:20-21). 하나님께서는 탄식하며 말씀하십니다. "나의 자녀들을 죽여 우상에게 붙여 불 가운데로 지나가게 하였다"(16:21). 하나님은 그들의 모든 죄를 다 보셨습니다. "네 어렸을 때에 벌거벗어 적신이었으며 피투성이가 되어서 발짓하던 것을 기억하지 아니하고 네가 모든 가증한 일과 음란을 행하였느니라."(16:22)

본문은 우리에게 죄가 얼마나 교활하고 패역한 것임을 생생하게 보여 줍니다. 왕후가 된 이스라엘은 하나님께서 주신 선물들을 가지고, 모든 거리와 높은 곳에 행음하는 누(樓)를 건축하는데 썼습니다. 그녀가 건축한 누(樓)는 창녀의 집, 행음의 전각을 의미합니다. 그리고 그녀는 공개적으로 주변의 모든 사람들과 더불어 행음했습니다(16:23-29). 이스라엘은 언약의 남편 되신 하나님을 배반하고, 주변의 강대국들과 은밀한 간음을 즐겼습니다. 이스라엘은 앗수르와 바벨론, 애굽과 동맹을 맺었습니다. 그 동맹국들은 엄청난 양의 대가를 요구했습니다(사 30:6,7). 보통 창기들은 화대(花代)를 받고 간음을 하지만, 이스라엘은 오히려 화대를 주면서 간음하기를 구걸했습니다(16:33-34). 이스라엘은 금은보화를 조공(朝貢)으로 바치며, 이방 나라들과 조약(條約)을 맺었고, 그 나라의 우상들을 음란하게 섬겼습니다.

결혼으로 맺어진 부부간의 사랑은 배타적인 사랑입니다. 남편과 아내 사이에 그 어떤 사람도 끼어들어서는 안 되는 관계입니다. 남편은 자신의 아내에게만 온전한 사랑을 주어야 하고, 아내도 남편에게 순결하게 헌신해야 합니다. 남편이 아닌 그 어떤 남자도 받아들여서는 안 됩니다. 바로 이런 관계가 하나님과 우리의 관계입니다. 하나님은 우리를 언약의 신부(新婦)로 삼으시고, 최상의 것을 주시고 사랑해 주셨습니다. 그러나 이스라엘이 "그 지아비 대신 외인과 사통하여 간음한 것"처럼(16:32) 우리도 하나님만으로 만족하지 않고, 수많은 우상을 마음에 들여왔습니다.

우리는 하나님보다 세상을 더 사랑했습니다. 우리는 세상의 성공을 하나님보다 더 사랑했습니다. 우리는 자식을 하나님보다 더 사랑했고, 우리는 세상의 원리를 하나님의 말씀보다 더 중요하게 여겼습니다. 우리가 하나님께 관심을 가졌다면, 그것은 하나님 자체가 아니라 그가 주시는 선물 때문이었습니다. 바로 이것이 우리가 이스라엘과 같이 하나님을 배신하고 행음한 증거입니다. 이것이 우리가 하나님을 배반하고 그 은혜를 패역하게 남용한 것이며, 하나님을 대적한 죄입니다.

죄는 화살이 과녁을 빗나가는 정도가 아닙니다. 한국 양궁은 세계 최강을 자랑합니다. 그런 양궁 선수가 아니고서는 누가 완벽하게 과녁을 맞힐 수 있겠습니까? 죄를 그렇게 인식하게 되면, 죄는 아무리 노력해도 어쩔 수없이 빗나갈 수밖에 없는 것이 되고 맙니다. 죄를 질병으로 보면 누구나 감기에 걸리듯이 누구나 죄를 짓는 것은 어쩔 수 없는 것으로 여기게 됩니다. 그러나 죄는 그런 것이 아닙니다. 죄는 하나님께 최상의 사랑을 받았으면서도 그 사랑을 악용하여 하나님을 배신하고, 하나님을 공격하는 반역입니다. 죄는 자격이 없는 우리에게 최고의 사랑과 은혜를 베푸신 하나님께 오물을 끼얹고, 그 하나님께 도전하는 불법입니다(요일 3:4). 죄는 이처럼 극악무도한 것입니다. 그렇다면, 그런 죄에 대해서 하나님께서 어떻게 하셔야 할까요?

3. 배신자 자의 길은 파멸(35-43절)

하나님은 오래 참으시지만, 끝까지 참지는 않으십니다. 하나님은 눈이 정결하시므로 악을 차마 보지 못하시며 패역을 차마 보지 못하시는 분입니다(합 2:3). 하나님께서는 이스라엘이 사랑하고 의존하던 간부(姦夫)들로부터 버림받고 그들에게 짓밟히도록 심판하십니다. 이스라엘은 주변 강대국들과 그 우상들이 자신들을 도울 것이라고 생각했지만, 하나님께서는 그 나라들에게 이스라엘이 멸망하도록 하십니다. 하나님께서는 단호하게 선언하십니다. "네가 어렸을 때를 기억지 아니하고 이 모든 일로 나를 격노케 하였은즉 네가 네 행위대로 네 머리에 보응하리니 네가 이 음란과 네 모든 가증한 일을 다시는 행하지 아니하리라"(16:43).

얼마전 인터넷을 뜨겁게달군 하나의 사건기사입니다. 대전에서 영어학원을 운영하는 여자학원장의 남편이 자신의 아내와 간음하는 남자를 공기총으로 쏘아서 살해했다는 기사입니다. 그 분이 그렇게 끔찍한 살인을 하게 된 동기가 소개되었습니다. 남편은 자신의 아내와 간음한 그 남자를 만나서 이제 관계를 정리하라고 요구했습니다.그런데도 그 남자는 한번만 더 만나겠다고 했답니다. 그래서 분노를 참지 못했던 그 불행한 남편은 자기 차에 있던 공기총으로 그 남자를 살해한 것입니다.

저는 댓글을 살펴 보았습니다. 가장 많은 공감을 표한 댓글은 "그 남자 너무 착하다. 그 아내도 죽었어야지 왜 그냥 두었지?"였습니다. 여러분, 이는 무엇을 말할까요? 세상 사람들도 공의의 심판이 꼭 필요하다는데 모두 공감하고 있다는 증거입니다.

사람들은 자신들의 죄악에 하나님의 심판이 속히 실행되지 않기 때문에 하나님이 없다거나, 자신들의 죄가 심상치 않은 것으로 생각합니다. 그러나 하나님은 말씀하십니다. "네가 이 일을 행하여도 내가 잠잠하였더니 네가 나를 너와 같은 줄로 생각하였도다! 그러나 내가 너를 책망하여 네 죄를 네 목전에 차례로 베풀리라 하시는 도다!"(시 50:21) 하나님 대신에 세상의 원리를 따르는 사람들은 자신들의 길이 바르다고 생각합니다. 그러나 그 길의 결국은 멸망입니다(잠 14:12).

유다 백성들은 성실하고 최선을 다해서 스스로 자신의 안전을 확보하려 했습니다. 그들은 외형적으로는 하나님을 예배하였습니다.

그러나 그들은 자신의 지혜와 세상의 힘을 의지하였습니다. 마음을 세상에 두고 자신을 위해서 이방 나라들을 의지했습니다. 그들은 그 모든 과정에서 최선을 다했고 성실했을 것입니다. 여러분! 우리가 이 부조리한 세상에서 얼마나 성실하게 살았느냐가 문제가 아닙니다. 사랑하는 여러분! 당신이 인생의 허무와 고통을 극복하기 위해서 시지프스처럼 최선의 노력을 다했을 수도 있습니다.

그러나 여러분! 그러한 노력들이 우리를 무죄라고 증언해 주지 않습니다. 오히려 그것들이 우리를 고소할 것입니다. 우리는 하나님의 언약의 신부로서 모든 선한 것을 받아 누렸습니다. 그러나 우리는 그것으로 하나님을 영화롭게도 하지 아니하고, 감사치도 않았습니다(롬 1:21). 우리는 하나님께서 주신 선한 선물들을 가지고 사욕(私慾)을 추구했습니다. 우리는 정욕을 따라 모든 것을 다 써버렸습니다. 우리는 진실한 남편인 하나님이 아니라, 세상으로부터 만족을 얻기 위해서 그가 주신 선물로 창기의 누(樓)를 세웠습니다. 우리는 하나님보다 세상을 사랑함으로써 날마다 모든 곳에서 간음했습니다. 야고보는 말합니다. **"간음하는 여자들이여 세상과 벗된 것이 하나님의 원수임을 알지 못하느뇨. 그런즉 누구든지 세상과 벗이 되고자 하는 자는 스스로 하나님과 원수되게 하는 것이니라"**(약 4:4)

하나님께서 죄인들에게 선언하시는 심판은 엄중합니다. **"내가 네 행위대로 보응하리니"**(43절) **"범죄하는 영혼은 죽으리라"**(겔 18:4) 죄의 삯은 사망입니다(롬 6:23). 배신자의 길은 멸망입니다(잠언 13:15). 그러나 죄는 하나님의 최종적인 심판이 있기 전에도 고통을 가져다줍니다. 이것이 섭리(攝理)적 심판입니다. 이사야 선지자가 이미 선언했습니다. **"내 하나님의 말씀에 악인에게는 평강이 없다 하셨느니라"**(사 57:21) 죄 자체가 심판과 저주인 것은 그 사람에게서 평강을 빼앗아 가기 때문입니다. 따라서 하나님의 사랑을 거역하는 것 자체가 이미 저주입니다. 요한복음 3장 36절입니다. **"아들을 믿는 자는 영생이 있고 아들을 순종치 아니하는 자는 영생을 보지 못하고 도리어 하나님의 진노가 그 위에 머물러 있느니라."** 아버지의 집을 떠난 탕자가 얼마 되지 않아서 깨달을 것처럼, 하나님을 떠나 것 자체가 이미 1단계 심판을 받는 것입니다(참고. 눅 15장). 바로 이 죄가 인간이 겪고 있는 모든 고통의 원인입니다(엡 2:1-3).

4. 세상보다 더 악한 교회?(44-52절)

44절부터는 두 번째 고소가 이어집니다. 고소의 내용은 실로 충격 그 자체입니다. 유다 백성들의 죄는 아브라함시대에 죄악 때문에 유황불에 멸망당했던 소돔보다 더 심각하다는 것입니다. 또한 이미 120년 전에 죄악 때문에 앗수르에게 멸망한 사마리아보다도 더 악하다는 고소입니다. 소돔의 죄는 성적인 죄악뿐만 아니라, 물질의 풍부함으로 교만해졌고, 자신들의 풍족함 속에서도 가난한 자들의 필요를 무시했습니다(16:49). 그런데 하나님의 백성임을 자처했던 유다 백성들의 죄는 그보다 더 했습니다. "네가 네 형과 아우를 논단하였은즉 너도 네 수치를 담당할지니라. 네가 그들보다 더욱 가증한 죄를 범하므로 그들이 너보다 의롭게 되었나니 네가 네 형과 아우를 의롭게 하였은즉 너는 놀라며 네 수치를 담당할지니라."(52절) 유다의 죄가 얼마나 심했든지 오히려 소돔과 사마리아가 의롭게 여겨질 정도였습니다.

이런 고소를 당하게 된 유다 백성들은 큰 충격에 빠졌을 것입니다. 그들은 선민(選民)으로써 그 어떤 나라보다 의로운 민족이라고 자부했었습니다. 그들은 하나님께서 주신 모세의 율법을 가졌습니다. 그들은 날마다 성전에서 예배를 드렸고 안식일을 지켰습니다. 그들은 혈통적으로 믿음의 조상 아브라함의 후손들이었습니다. 그들의 종교적 열정과 자부심은 하나님께 이렇게 힐문(詰問)할 정도였습니다. "우리가 금식하되 주께서 보지 아니하심은 어찜이오며, 우리가 마음을 괴롭게 하되 주께서 알아주지 아니하심은 어찜이니까?"(사 58:3) 그러나 하나님께서는 그들에게 어떻게 대답하십니까? 그들은 종교적 제사(예배)에는 열심을 내지만, 오락을 추구하고, 가난한 자들을 압제하며, 자기 영광을 추구하며 서로 싸우고 다투기를 쉬지 않음으로써 하나님을 배반했다고 말씀하십니다(사 58:3-4).

메튜 헨리 목사님은 가장 선한 것이 타락하면 가장 악한 것이 된다고 말했습니다. 그렇습니다. 하나님께 큰 은혜를 입은 사람들이 타락하면, 세상 사람들 보다 더 추악하게 됩니다. 아름답고 영광스러웠던 왕후가 타락하여 음녀가 된 것보다 더 추하고 볼썽사나운 것은 없을 것입니다. 하나님의 은혜를 배신한 사람들은 이처럼 스스로 영광스러운 지위를 던져 버리고, 죄로 얼룩진 저주받을 자리를 원한 것입니다.

이렇게 음녀가 되어버린 이스라엘에게 하나님은 말씀하십니다. "네가 그들보다 더욱 가증한 죄를 범하므로 그들이 너보다 의롭게 되었나니 네가 네 형(사마리아)과 아우(소돔)를 의롭게 하였다"(52절) 정말 그렇습니다. 하나님께 큰 은혜 받은 자들이 타락하면 세상에서 가장 악하다고 소문났던 소돔과 고모라보다 더 악해집니다. 이천년 교회 역사는 이것을 생생하게 보여 주고 있습니다. 아니 멀리 갈 것도 없이, 오늘날 한국 교회가 바로 이런 상황 아닐까요? 세상에서는 있을 수 없는 일들이 교회에서 벌어지고 있습니다. 일반 대학들에서는 있을 수 없는 일들이 신학교에서 일어나고 있습니다. 하나님께서 우리시대의 한국교회를 보시면서 "너희 때문에 세상이 더 의롭게 되었다"라고 말씀하시지 않을까요?

우리들 자신은 어떻습니까? 우리는 기독교인이라는 특권 뒤에 숨어서, 구원받은 선민(選民)이라는 자부심을 갖고서 세상 사람들보다 더 세상을 추구하고 있지는 않습니까? 세상 사람보다 더 세상의 명예를 탐하고 있지는 않습니까? 우리는 정통교회라는 교단의 울타리 안에서 매주일 예배를 드리기 때문에 세상보다 더 거룩하다고 생각하십니까? 우리는 믿음을 앞세우면서 일반 상식에도 맞지 않는 일들을 교회에서 행하고 있지는 않습니까? 경외함으로 말씀드립니다. 우리가 세례 받은 그리스도인이라는 사실이, 우리가 정통 교단에 속했다는 자부심이 결코 우리를 지켜줄 수 없습니다. 하나님께서 유대백성에게 선포한 심판의 메시지를 통해서 오늘 우리를 돌아볼 수 있어야 합니다. 하나님께서 우리 모두를 심판하셔서 지옥에 보낸다고 할지라도 우리는 어떤 변명도 할 수 없는 심각한 죄인임을 인정해야 합니다.

5. 하나님의 회복(53-63절)

그렇다면 '심판'이 이스라엘과 우리에게 '마지막 단어'(last word)일까요? 인류 역사가 죄에 대한 철저한 심판으로 종결되어야 했다면, 역사는 지금까지 지속될 수 없었을 것입니다. 아담과 하와가 범죄 했을 때, 역사는 이미 끝났을 것입니다. 그런데 하나님께서 범죄한 아담에게 찾아오셔서 언약을 맺으셨습니다(창 3:15). 또한 아브라함을 불러내셔서 그와 언약하셨습니다(창 12:1-3). 애굽에서 종살이하던 이스라엘을 불러내셔서 시내 산에 언약하셨고(출 19-23장), 다윗과 영원한 언약을 세우셨습니다(삼하 7장). 레위기 26장 40-45절을 봅시다.

> "그들이 자기 죄와 그 열조의 죄와 및 그들이 나를 거스린 허물을 자복하고 또 자기들이 나를 대항하였으므로 나도 그들을 대항하여 그 대적의 땅으로 끌어갔음을 깨닫고 그 할례 받지 아니한 마음이 낮아져서 그 죄악의 형벌을 순히 받으면 내가 야곱과 맺은 내 언약과 이삭과 맺은 내 언약을 생각하며 아브라함과 맺은 내 언약을 생각하고 그 땅을 권고하리라. …… 나의 그들과 세운 언약을 폐하지 아니하리니 나는 여호와 그들의 하나님이 됨이라. 내가 그들의 하

나님이 되기 위하여 열방의 목전에 애굽에서 인도하여 낸 그들의 열조와 맺은 언약을 그들을 위하여 기억하리라. 나는 여호와니라."

모든 인류에게 아직도 희망이 있는 것은 바로 하나님의 사랑의 언약이 있기 때문입니다. 하나님은 이렇게 패역하여 멸망할 사람들마저도 구원하시기로 언약하셨습니다. 하나님은 죄인이 죽는 것을 결코 원하지 않습니다(겔 18:23,32). 하나님은 말씀하십니다. "나는 악인의 죽는 것을 기뻐하지 아니하고 악인이 그 길에서 돌이켜 떠나서 사는 것을 기뻐하노라."(겔 33:11) 하나님께서는 그 언약을 기억하시고 그들을 회복하기 위해서 찾아오실 것을 약속하십니다(60절). 그러나 언약을 배반한 죄는 반드시 심판을 받아야 합니다(59절). 하나님은 공의의 하나님이시기 때문입니다.

바로 우리의 죄에 대한 심판을 해결하시려고 하나님의 아들이신 예수님이 이 땅에 오셨습니다. 우리가 행한 죄에 대한 모든 진노와 심판이 갈보리의 십자가에 쏟아 부어졌습니다. 예수님께서 십자가에서 참혹한 죽임을 당한 것은 바로 우리를 대신하여 심판을 당하신 것입니다. "그가 찔림은 우리의 허물을 인함이요. 그가 상함은 우리의 죄악을 인함이라. 그가 징계를 받음으로 우리가 평화를 누리고 그가 채찍에 맞음으로 우리가 나음을 입었도다."(사 53:5) 십자가는 우리의 죄가 얼마나 심각한 것인지, 그 죄에 대한 하나님의 진노가 얼마나 무서운 것인지를 보여 줍니다. 십자가는 또한 우리를 향한 하나님의 언약적 사랑이 얼마나 놀라운지를 생생하게 보여줍니다. 우리는 십자가를 바라볼 때마다, 이 두 가지를 동시에 보아야 합니다.

하나님께서 유다백성들을 사로잡힘에서 돌이키신 것처럼(53절), 예수님 안에서 우리를 죄와 사단의 종살이하는 데서 구원해 주셨습니다. 하나님께서는 예수님을 통해서 우리에게 하나님의 형상을 회복시켜주시고 왕적인 지위를 회복시켜 주셨습니다(55절). 우리는 그의 은혜를 힘입어 의롭다 하심을 얻었습니다. 그리고 영생의 소망을 따라 영원한 언약을 세워주시고(60절), 하나님의 상속자, 영원한 후사(後嗣)가 되게 하셨습니다(딛 3:16). 또한 성령을 주셔서 우리가 하나님을 알게 하셨습니다(62절). 이 모든 약속이 지금 예수님을 믿는 사람들에게 실재(reality)가 되었습니다.

여러분 중에 아직도 기독교의 믿음을 갖기를 주저하시는 분에게 말씀드립니다. 지금 바로 돌이켜서 예수님을 바라보십시오. 그리고 당신을 위해 십자가에 달리신 사랑의 구주를 영접하십시오. 그러면 하늘에 속한 모든 신령한 복이 여러분에게 실재가 될 것입니다. 실존주의자들의 실패를 되풀이하지 마십시오. 성실한 것으로는 충분하지 않습니다. 인본주의의 오류를 똑똑히 보십시오. 돈과 명예로도 충분하지 않습니다. 그것으로는 죄와 사망을 이길 수 없습니다. 예수님만이 "내가 곧 길이요 진리요 생명이니"라고 말씀하셨습니다(요 14:6). 예수님 안에서 인생의 참된 의미를 발견할 수 있습니다. 예수님 안에 여러분이 그토록 찾던 진정한 행복이 있습니다. 더 이상 주저하지 마십시오. 역사가 보여주는 수많은 증거들을 주목하십시오. 참된 교회가 전하는 복음의 메시지에 귀를 기울이십시오. 그러면 여러분을 가장 복된 삶으로 인도할 확실한 처방전을 발견하게 될 것입니다.

어떤 사람들은 이단들과 잘못된 목회자들 때문에 교회에 나가는 것을 두려워합니다. 그러나 그런 부류들 때문에 참된 교회를 멀리하면 안 됩니다. 자동차 사고가 많이 발생한다고 해서 자동차가 없어져야 한다고 말하는 사람은 없을 것입니다. 여러분이 경험한 교회와 그리스도인이 온전하지 못하다고 해서 복음을 거부한다면, 여러분은 가장 큰 손해를 보게 될 것입니다. 참된 교회는 복음의 메시지를 바르게 선포하며 하나님의 사랑으로 여러분을 기다리고 있습니다.

나가며: 조정경기

마지막으로 이미 믿음을 가진 형제자매들에게 말씀드립니다. 여러분은 올림픽 경기 종목인 조정경기를 아실 것입니다. 조정경기는 뒤를 바라보면서 결승점이 있는 앞을 향해 힘차게 노(櫓)를 저어 가는 경기입니다. 저는 이 조정경기 방식이 우리의 신앙생활과 비슷하다고 생각합니다. 하나님께서는 언약의 백성들이 하나님의 회복을 경험한 후에는 과거 자신들의 행위를 기억하면서 부끄러워할 것이라고 말씀했습니다(61절). **"그 때에 너희가 너희 악한 길과 너희 불선한 행위를 기억하고 너희 모든 죄악과 가증한 일을 인하여 스스로 밉게 보리라"** (겔36:31)

우리가 건강한 신앙생활을 영위하는 방법은 과거에 우리가 어떤 존재였는지를 늘 기억하는 것입니다. 그리고 과거의 죄 된 행위를 부끄러워하면서 힘차게 주님의 뜻을 따라 앞으로 나가야 합니다. 마치 조정선수가 뒤를 보면서 힘차게 결승점을 행해 노를 저어 나가는 것처럼, 우리도 그렇게 전진(前進)해야 합니다. 칼빈 선생님은 이렇게 말했습니다. "우리의 죄악이 하나님 앞에 지워지고 저 바다의 심연 속에 묻혀 버리기를 소원한다면 … 우리는 지속적으로 그 죄악들을 기억 속에서 되새겨야 한다. 왜냐하면 그 죄악들이 우리 눈앞에 있을 때 우리는 자비를 구하고자 하나님께 나아가며 겸손함과 경외함으로 합당하게 준비되기 때문이다." 우리는 과거를 기억함으로 죄를 미워하게 되고, 과거를 기억함으로 십자가의 은혜를 더 깊이 깨닫게 됩니다.

우리가 과거를 기억하고, 하나님의 말씀을 기억하는 것은 단순히 정신 운동을 위한 것이 아닙니다. 우리의 패역한 과거를 기억하고, 하나님의 말씀을 통해서 은혜를 기억하는 것은 진리를 따라 역동적으로 전진하기 위해서 입니다. 존재의 변화는 반드시 세계관을 변화시키고, 삶을 변화시킵니다. 우리는 아직도 허물 많은 자들이지만, 하나님께서는 여전히 우리를 자신의 언약의 신부(新婦)로 붙들고 계십니다. 우리가 부끄러운 과거를 기억할수록, 현실에서는 그리스도의 신부처럼 더 정결하게 살고자 할 것입니다(고후 11:2).

우리를 새롭게 하신 주님의 십자가를 생각한다면, 우리는 죄의 유혹과 사단의 시험에 굴복하지 않을 수 있습니다. 우리가 주님의 십자가를 바라보면 바라볼수록, 아무리 힘들고 어려운 상황도 인내로써 이겨낼 수 있습니다. 우리가 과거를 바라보면서 전진한다면, 우리를 힘들게 하고 핍박하는 사람들에게도 온유와 사랑으로 대할 수 있습니다.

우리 모두는 지금 수 백 만 명의 관중들이 지켜보고 있는 신앙의 올림픽 조정 경기장에 있습니다. 관중들은 하늘의 천사들과 우리의 믿음의 선진(先進)들입니다. 그들은 모두 경주에서 승리한 분들입니다. 그들이 우리를 향해 외치고 있습니다. "힘내라! 힘내라!(Cheer up! Cheer up!)" 그들이 우리를 위해 응원하고 있습니다.

여러분! 그들의 함성이 들리지 않습니까? 저는 그 우렁찬 소리를 날마다 듣고 있습니다. 성경을 통해서 듣고, 교회사를 통해서 듣습니다. 여러분! 우리는 혼자가 아닙니다. 우리에게는 구름같이 둘러싼 저 믿음의 선진들이 있습니다(히 12:1). 그들처럼 우리도 과거를 기억하면서 푯대를 향하여 힘차게 노를 저어 갑시다. 우리의 마음을 강하게 하고 담대하게 합시다. 우리의 배에는 영광의 왕께서 함께 계십니다. 그리고 우리시대의 모든 교회의 성도들이 한 배를 타고 함께 경주를 하고 있습니다. 우리 모두 서로를 격려하고 응원하면서 순결한 신부로서 신실하신 신랑이신 예수님 맞으러 갑시다.

| 복음이 주는 |

자유

3장

성숙을 향해 자라가라.

히브리서 5:11~ 6:8

성숙을 향해 자라가라 (본문 말씀 히브리서 5장 11절~ 6장 8절)

11멜기세덱에 관하여는 우리가 할 말이 많으나 너희가 듣는 것이 둔하므로 설명하기 어려
우니라 12때가 오래 되었으므로 너희가 마땅히 선생이 되었을 터인데 너희가 다시 하나님
의 말씀의 초보에 대하여 누구에게서 가르침을 받아야 할 처지이니 단단한 음식은 못 먹고
젖이나 먹어야 할 자가 되었도다 13이는 젖을 먹는 자마다 어린 아이니 의의 말씀을 경험하
지 못한 자요 14단단한 음식은 장성한 자의 것이니 그들은 지각을 사용함으로 연단을 받아
선악을 분별하는 자들이니라

6장 1그러므로 우리가 그리스도의 도의 초보를 버리고 죽은 행실을 회개함과 하나님께 대한
신앙과 2세례들과 안수와 죽은 자의 부활과 영원한 심판에 관한 교훈의 터를 다시 닦지 말
고 완전한 데로 나아갈지니라 3하나님께서 허락하시면 우리가 이것을 하리라 4한 번 빛을
받고 하늘의 은사를 맛보고 성령에 참여한 바 되고 5하나님의 선한 말씀과 내세의 능력을
맛보고도 6타락한 자들은 다시 새롭게 하여 회개하게 할 수 없나니 이는 그들이 하나님의
아들을 다시 십자가에 못 박아 드러내 놓고 욕되게 함이라 7땅이 그 위에 자주 내리는 비를
흡수하여 밭 가는 자들이 쓰기에 합당한 채소를 내면 하나님께 복을 받고 8만일 가시와 엉
겅퀴를 내면 버림을 당하고 저주함에 가까워 그 마지막은 불사름이 되리라

히브리서 5:11~ 6:8

3장 성숙을 향해 자라가라.

히브리서 5:11~ 6:8

피터 팬 증후군?

요즘 젊은 세대들은 독립할 나이가 되었음에도 여전히 부모를 의지하여 살아가는 것을 당연하게 여기고 있습니다. 그래서 캥거루족이라는 말도 생겨났습니다. 이런 현상을 사회학에서는 피터 팬 증후군이라고 부릅니다. 피터 팬 증후군(syndrome)의 사전적 의미는 "성년이 되어도 어른들의 사회에 적응할 수 없는 '어른 아이' 같은 남성들을 나타내는 심리적 증후군"입니다. 사람은 성장하여 자신을 보호하고 다른 사람들과 사회에 유익한 일을 하는 것이 본분입니다. 이는 우리나라 교육법 1조에도 나와 있습니다. "교육은 홍익인간의 이념 아래 모든 국민으로 하여금 인격을 완성하고 자주적인 생활능력과 공민으로서의 자질을 갖추게 하여 민주국가 발전에 봉사하며, 인류공영의 이상

실현에 기여하게 함을 목적으로 한다."

오늘날 의무교육의 수혜를 입은 많은 청년들이 다른 사람들에게 유익은 커녕 자기 자신마저 감당하지 못하는 유약(幼弱)한 상태에 머물려 있습니다. 청소년기까지는 부모와 국가의 도움을 받아서 교육을 받고, 사회생활을 준비하는 기간입니다. 그리고 청년이 되면 세상에 나가서 자신의 삶을 개척하고, 부모와 사회에 일정한 기여를 하는 성숙한 시민이 되어야 합니다. 그런데 어린 아이처럼 계속 부모와 사회에 짐이 되는 청년들이 늘어남으로써 가정과 사회에 큰 부담을 주어 문제입니다.

이런 현상이 교회에도 있습니다. 신앙생활한지가 십년이 넘었는데도 여전히 어린아이와 같은 신앙에 안주하고 있는 사람들이 많습니다. 심지어 어떤 사람들은 자신의 믿음이 자라면, 더 큰 헌신을 감당해야한다는 부담 때문에 오히려 적당히 신앙 생활하겠다고 하는 사람까지 있는 형편입니다. 이런 현상이 한국교회에 전반에 광범위하게 펴져 있습니다. 오늘날 한국교회가 이처럼 무기력한 이유는 성도들이 유약할 뿐만 아니라, 자라려고 힘쓰지도 않기 때문입니다.

그리스도인이 영적으로 성장하지 못하면 자신을 위험에 방치하여 힘든 상황을 초래하게 됩니다. 또한 교회에도 큰 부담과 짐이 됩니다. 안타깝게도 오늘날 한국교회에는 일생동안 어린아이와 같은 신앙에 머물고 있는 성도들이 너무 많습니다. 이런 성도들은 그리스도 안에서 참된 안식과 기쁨을 맛보지 못할 뿐만 아니라, 교회와 다른 성도들에게도 좋지 못한 영향을 줍니다. 오늘 히브리서 본문은 그리스도인이 자라지 못했을 때의 위험을 경고해 주면서, 성장해야할 강력한 이유를 제시해 줍니다.

1. 영적 전쟁의 시작

그리스도인은 하나님의 은혜로 새 생명으로 거듭나면서 이전과는 다른 새로운 삶을 시작하게 됩니다. 그러나 그리스도인이 하나님의 생명을 따라 새로운 삶을 시작했다고 해서 그가 살고 있는 환경이 바뀐 것은 아닙니다. 여전히 세상은 하나님을 대적하는 상황이며, 사람들은 여전히 기독교에 냉소적입니다. 뿐만 아니라 우리는 그리스도인이 되는 순간부터 전에 경험하지 못했던 다양한 압력에 직면하게 됩니다. 가정과 직장에서의 압박, 세상으로부터의 압력 등등 다양한 방면에서 우리를 믿음에서 떠나게 하려는 간교한 유혹들이 몰려옵니다.

C. S. 루이스의 『스크루테이프의 편지』라는 책을 읽어 보셨을 것입니다. 루이스는 이 책에서 그리스도인의 삶은 그가 그리스도인에 되는 날로부터 시작해서 영적인 전쟁터의 최전방에 서 있음을 잘 보여줍니다. 사단은 아주 간교한 전략과 전술로 성도들과 교회를 공격합니다. 이것을 적절하게 대처하지 못한 그리스도인은 복음 안에서 참 자유와 안식을 누리지 못하고, 또 다시 세상과 죄의 종으로 비참하게 살아 갈 수 있음을 루이스는 탁월하게 보여줍니다.

히브리서를 처음 받았던 수신자 공동체도 마찬가지였습니다. 그들은 당시 사회에서 수많은 압력에 직면하고 있었습니다. 그들은 1세기 당시 사회에서 소수자 그룹이었습니다. 성도들은 그 당시 지배적인 세계관을 가진 사람들로부터 압박과 위협을 받고 있었습니다. 당시 그리스-로마사회는 정치, 경제, 사회, 종교가 한 덩어리가 되어서 새롭게 탄생한 교회를 억압했습니다.

교회의 고난은 그것만이 아니었습니다. 교회 공동체의 내부에서는 이미 그런 압박에 굴복하여 믿음을 배반하고 떠나는 사람도 있었습니다(요일 2:19). 우리가 사도행전에서 볼 수 있듯이, 초대 교회에서도 종교적 외식이 교회와 성도들을 위협했습니다(행 5장, 갈라디아서). 또한 유대인 출신의 그리스도인과 이방인 출신 그리스도인 사이에 갈등도 있었습니다(롬 14-15장). 유대인출신 그리스도인 가운데서도 팔레스타인 출신과 디아스포라 유대인들 사이에 분열과 갈등이 있었습니다(행 6장). 이런 상황에서 그들의 믿음이 자라지 못한다면, 믿음의 항로(航路)에서 흘려 떠내려 갈 수 있는 위험이 항상 존재했습니다(참고. 히 2:1-4).

히브리서 독자들은 믿음을 가진지 오랜 시간이 지났습니다. 이 편지가 약 60후반에 기록되었다면, 오순절 날 처음 믿음을 가진 사람은 약 30년 이상 믿었을 것입니다. 히브리서 저자는 이 편지를 받는 대다수의 독자들이 믿음을 가진지 오래되었기 때문에 모두 선생이 되어 있어야 마땅한 상황임을 지적합니다.(5:12) 그러나 이들의 신앙은 아직도 어린아이와 같은 상태에 머물러 있었습니다. 따라서 저자는 이런 성도들에게 그 상태에 머무는 것은 매우 위험하다는 것을 경고해야 했습니다. 또한 어린 신앙의 상태에서 벗어나 성숙한 믿음으로 자라가기 위해서 무엇을 해야 할지를 가르쳐 주기 위해 이 서신을 보낸 것입니다.

2. 그리스도 안의 어린아이

1) 어린 신자의 특징

성경에서 어린아이는 모두 부정적인 의미로 사용되지는 않았습니다. 마태복음에서 '어린아이' 또는 '소자', '지극히 작은 자'가 여러 차례 나옵니다. 마태복음에서 '소자'는 모두 교회의 회원으로써 교회가 관심을 갖고 보살펴야 하는 대상입니다. 베드로전서 2장 2절에서는 "갓난아이들 같이 순전하고 신령한 젖을 사모하라. 이는 이로 말미암아 너희로 구원에 이르도록 자라게 하려 함이라."고 말씀합니다. 베드로는 성도들이 갓난아이들처럼 순전하고 신령한 젖, 다시 말해서 하나님 말씀을 온힘을 다해 공부함으로써 자라야 함을 가르쳤습니다. 어린아이의 특징을 긍정적인 의미에서 본받도록 말씀한 것입니다.

그러나 고린도전서 3장과 오늘 히브리서 본문에서는 부정적인 의미로 '어린 아이'의 특징을 들어 교훈하고 있습니다. 어린 아이의 특징은 먼저 단단한 식물을 먹지 못하는 것입니다. 이는 의의 말씀을 경험하지 못한 자입니다(5:12-13). 그리스도인이 계속해서 어린 아이의 상태에 머무는 것은 자신뿐만 아니라 교회 공동체에도 유익이 없습니다. 물론 가정에 어린 아이가 있는 것이 이상한 일이 아니듯이, 교회에도 어린 신자가 있는 것은 이상한 일이 아닙니다. 그것은 자연스런 일입니다. 그러나 시간이 오래 경과했는데도 여전히 어린아이와 같은 상태에 머물러 있다면 큰 문제입니다. 그렇다면 어린아이와 같은 신자에게 나타나는 특징과 문제는 무엇일까요?

어린 아이들의 첫 번째 특징은 불안정성입니다. 어린 아이들은 마치 바다에 떠 있는 작은 배처럼 작은 바람에도 흔들립니다. 일반적으로 어린 아이들은 변덕이 심합니다. 금방 웃다가 울고, 울다가도 웃습니다. 쉽게 변화를 겪는 것보다 더 큰 문제는 그 변화가 극에서 극으로 변하는 것입니다. 그래서 그들은 과격한 견해를 갖기 쉽고 극단에서 극단으로 변화하는 경향을 보입니다. 어떤 때는 깊은 침체에 빠져 있다가, 또 어떤 때는 지나친 흥분을 표출합니다. 조증(燥症)과 울증(鬱症)이 교차하는데 이러한 변화가 너무 빠르기 때문에 사람들을 당황하게 합니다. 이런 어린 아이들은 자제력이 부족합니다. 그래서 일시적인 기분과 충동에 좌우되기 쉽습니다. 자기를 통제하지 못하고 함부로 감정을 표출하거나, 화를 잘 내고 불만을 토로합니다. 어린 신자들도 이런 특징을 그대로 드러냅니다.

어린 아이들의 두 번째 특징은 속기 쉽다는 것입니다. 어린 아이들은 분별력이 부족해서 모든 것을 잘 믿는 경향이 있습니다. 사기꾼들이나 유괴범들이 어린 아이들을 노리는 것도 그들이 분별력이 부족한 점을 이용하는 것입니다. 어린 아이들이 쉽게 속는 것은 사실 판단과 가치 판단에 결함이 있기 때문입니다. 어린 신자들도 비슷합니다. 따라서 그들에게 무엇보다 시급한 일은 하나님의 말씀을 배워서 참된 분별력을 기르는 것입니다.

일반적으로 어린 아이들은 무지하면서도 천성적으로 가르침을 받고 훈련받기를 싫어합니다. 어린 아이들은 참을성이 부족하여 많은 인내를 요구하는 훈련과정을 생략하고 빨리 진보하기를 원합니다. 가령 피아노를 처음 배우는 아이가 고된 훈련과정은 생략하고 훌륭한 피아니스트가 되기를 바라는 것과 같습니다. 영적인 면에서도 동일합니다. 어린 신자들은 시간을 들여서 한 단계, 한 단계 공부하고 성장하는 것을 생략하고 로또 식으로 믿음이 도약하기를 원합니다. 그들은 처음부터 차근차근 성경을 배우지 않고 어떤 특정한 프로그램을 통해서 단번에 영적인 거장(巨匠)이 되고자합니다.

어린 이들의 세 번째 특징은 신기하고 새로운 것만을 원합니다. 이는 어린 신자들도 마찬가지입니다. 어린 신자들은 신기하고 새로운 것을 찾습니다. 마치 사도행전 17장에 나와 있는 아테네 사람들처럼 **"가장 새로 되는 것을 말하고 듣는 일"**에 매료되어 시간을 보냅니다(행

17:21). 또 어떤 어린 신자들은 말씀을 지적으로 아는 것은 좋아하지만, 그 말씀을 자신에게 적용하지 않습니다. 어린 신자는 성경 지식으로 자신을 높이고 다른 사람을 정죄하고 판단하려고 합니다. 또한 하나님의 말씀을 자신이 이미 행하고 있는 영역에만 적용하고, 자기부인을 해야 할 때는 수많은 구실을 핑계로 적용하지 않습니다.

어린 아이들은 진지한 가르침과 인내를 요하는 훈련보다는 오락과 흥분되는 것을 좋아합니다. 이는 우리 가정에서도 쉽게 확인할 수 있습니다. 부모는 아이의 장래를 생각해서 아이에게 어렵고 힘들더라도 분명한 원칙을 정해놓고 훈육합니다. 그런데 아이들은 가끔씩 찾아오는 고모나 삼촌, 할아버지와 할머니들은 늘 자신들의 요구를 들어주고 즐겁게 놀아주니까 부모보다 그런 친척들이 자신을 더 사랑하는 줄로 착각합니다. 어린신자들도 차분히 앉아서 성경을 공부하고 기도하는 경건의 훈련을 받기보다 열광적인 부흥집회나, 어떤 특별하다는 집회에 쫓아다니느라 바쁩니다. 이런 신자들은 교회에서도 눈에 뛰고 칭찬 듣는 일을 힘써서 하려고 하지만, 힘들고 눈에 뛰지 않는 일은 하려고 하지 않습니다.

2) 어린 신자의 위험

이렇게 신자가 어린 아이 상태에 오래 동안 머무는 것 자체가 큰 위험입니다. 왜냐하면 사욕(私慾)을 부추기며 오락을 제공하는 목회자와 집회들, 세상의 성공을 하나님의 축복인양 선전하는 수많은 종교적 장사꾼들, 자기만족과 세상의 영광을 추구하는 집회들은 어린 신자들을 노리고 있기 때문입니다.

에베소서 4장 14-15절은 이렇게 경고하고 있습니다. "이는 우리가 어린 아이가 되지 아니하여 사람의 궤술과 간사한 유혹에 빠져 모든 교훈의 풍조에 밀려 요동치 않게 하려 함이라. 오직 사랑 안에서 참된 것을 하여 범사에 그에게까지 자랄지라. 그는 머리니 곧 그리스도라." 초대교회에도 사람의 궤술과 간사한 유혹으로 어린 신자들을 노리는 수다한 종교적 사기꾼들이 많았습니다. 그들에게서 어린 신자들을 보호하는 것은 집(교회)밖에 내보지 않는 것이 아닙니다. 또는 '이단 출입금지' 라고 교회당 문에 써붙여 놓는 것도 아닙니다.

바울사도는 '오직 사랑 안에서 참된 것을 하도록 하라' 는 것입니다. "참된 것을 하여"의 문자적인 의미는 "진리를 말하여"입니다. 다시 말하면 사역자들은 성도들에게 진리를 가르쳐서 모든 일에서 그리스도의 장성한 분량까지 자라게 하라는 것입니다. 사실 에베소서 4장은 교회에 직분 자들을 선물로 주신 예수님의 목적이 바로 여기에 있음을 교훈합니다.

어린 신자들은 의의 말씀을 경험하지 못한 자들입니다. 이는 말씀을 지식적으로는 알고 있다 할지라도, 실제 삶에서 그 말씀을 적용함으로써 그 능력을 체득하지 못했음을 의미합니다. 그들은 여전히 그리스도의 도의 초보에 머물러 있습니다. 그래서 처음 믿을 때, 또는 세례 받을 때 문답으로 소유했던 진리에 대한 이해에서 조금도 전진하지 못하고 있습니다.(6:1~2) 이런 상태에 계속 머무는 것은 그 자리에 정체 된 것으로 그치지 않습니다. 곧이어 세상의 교훈의 풍조에 밀려서 요동하게 되고, 급기야는 배교(背敎)의 위험에 빠지게 됩니다. 성경에서 말하는 '배교' 란 교회와 성도가 세상의 문화와 정신을 수용하거나, 그것을 이용하여 기독교를 참된 본질에서 왜곡하여 인본주의(세상추구)적인 기독교로 변질시키는 것입니다. 그러면서도 바로 '이것이 정통 기독교다' 라고 주장하는 거대한 흐름이라고 말할 수 있습니다. 초대 교회에도 이런 세속적 가치관과 사상들이 교회로 흘러 들어와 어린 신자들을 노렸습니다.

만약 교회가 그런 세상의 문화에 포로가 되면 4-6절에서 경고하는 배교의 위험에 처하게 됩니다. "한번 비췸을 얻고 하늘의 은사를 맛보고 성령에 참예한바 되고 하나님의 선한 말씀과 내세의 능력을 맛보고 타락한 자들은 다시 새롭게 하여 회개케 할 수 없나니 이는 자기가 하나님의 아들을 다시 십자가에 못 박아 현저히 욕을 보임이라" 성도가 성숙하지 못하면, 다시 과거의 삶의 방식으로 돌아갈 위험이 있습니다. 만약 그렇게 된다면 그들은 "큰 구원을 등한히 여기게 되는 것"(2:3)입니다. 이는 하나님의 아들을 다시 십자가에 못 박는 심각한 위험임을 경고합니다.

어떤 학자들은 이 말씀은 이미 배교하고 교회 공동체를 떠난 어떤 사람들에 대해서 말한다고 해석합니다. 그렇게 해석할 수도 있습니다. 배교한 사람들은 교회 공동체 안에서 생활하면서 비춤을 얻었고, 하늘의 은사를 맛보았으며, 성령께서 주시는 선한 것들과 말씀의 능력을 맛보았습니다. 그럼에도 그들은 처음부터 참된 신자가 아니었기 때문에 고난이 오고, 어려움이 올 때, 그리고 세상 재물 등의 유혹에 굴복하여 교회를 떠날 수 있습니다.

그러나 우리가 히브리서 문맥에 나타난 저자의 의도를 고려하면서, 이 본문을 세밀하게 읽는다면, 이 본문은 성도의 견인교리를 말하고자 하거나 그 교리를 부정하기 위해서 주어진 것이 아님을 알 수 있습니다. 우리는 그것을 9절에서 확인할 수 있습니다. "사랑하는 자들아 우리가 이같이 말하나 너희에게는 이보다 나은 것과 구원에 가까운 것을 확신하노라." 저자는 히브리서의 1차 독자들이 모두 구원에 참여한 사람들임을 확신합니다. 따라서 우리는 성도의 견인교리를 이 본문에 넣어 읽기보다 성도들이 처한 위기적 상황에서의 목회적 권고로 보는 것이 훨씬 문맥에서 자연스럽습니다. 그렇게 보면 성도의 견인(堅忍)은 진공상태의 무균실(無菌室)에서 보장되는 것이 아니라, 언제나 현실의 역동적이고 유동적인 삶의 현장 속에서 믿음으로 인내하여 승리하는 것을 통해서 확증되는 것입니다. 히브리서 저자는 참된 신자라 할지라도 말씀 안에서 성장하지 못한다면, 이러한 극단적인 배교는 아닐지라도 세상의 가치관에 매몰되어 열매 맺지 못할 수 있음을 강력하게 경고한 것입니다.

이것을 저자는 7절과 8절에서 성숙과 미성숙의 상태를 창조의 축복된 상태와 타락 후의 저주의 상태로 대비하여 보여 줍니다. "땅이 그 위에 자주 내리는 비를 흡수하여 밭가는 자들의 쓰기에 합당한 채소를 내면 하나님께 복을 받고 만일 가시와 엉겅퀴를 내면 버림을 당하고 저주함에 가까와 그 마지막은 불사름이 되리라" 성장하지 못한 신자들은 기독교의 교리의 초보적인 진리에서 맴돌고 있음으로써 실제 삶에서 열매를 맺지 못했습니다. 따라서 저자는 성장하여 열매를 맺는 상태를 에덴동산의 축복된 밭의 상태로 그려주고, 열매 맺지 못하는 신자의 상태를 타락한 후에 가시와 엉겅퀴를 내는 저주받는 밭의 상태로 묘사합니다. 이러한 대조를 통해 우리들에게 성숙해야 할 이유와 도전을 제시합니다. 이렇게 밭의 상태를 대조해 줌으로써 우리들에게 어떤 상태가 합당한지를 판단하도록 합니다. 그리고 성숙을 향해 나아갈 것을 강력하게 도전하는 것입니다. 그러면 우리는 어떤 그리스도인이 되어야겠습니까?

3. 성숙한 신자가 되라

1) 성숙한 신자의 특징

"단단한 식물은 장성한 자의 것이니 저희는 지각을 사용함으로 연단을 받아 선악을 분변하는 자들이니라."(5:14) 성숙한 신자는 먼저 훈련된 지각을 가지고 있으며, 선악을 분별하는 자입니다. 그래서 참된 신앙의 열매를 맺는 자입니다(7절). 먼저 성숙한 신자들은 하나님의 말씀을 공부하고 적용하여 훈련된 지각(senses trained)을 소유한 사람입니다. 그들은 하나님의 말씀을 통해서 하나님의 사랑의 깊이와 넓이가 어떠함을 깨달은 사람들입니다(엡 3:19). 그래서 그들은 그리스도의 도의 초보뿐만 아니라, 단단한 식물에 해당하는 진리를 먹고 소화하여 다른 사람들을 가르칠 수 있는 사람들입니다. 그들은 하나님의 작정과 예정, 삼위일체 하나님의 속성과 사역, 역사의 목적과 방향과 같은 단단한 식물도 다 소화합니다. 성숙한 신자는 하나님의 구속의 경륜을 통찰하고 교회와 자신의 사명을 압니다. 그래서 어떠한 유혹과 교훈의 풍조에도 흔들리지 않습니다. 성숙한 신자는 하나님께서 교회와 자신에게 주신 사명을 생명보다 더 귀중하게 여기며 그 일을 해냅니다(행 20:24).

성숙한 신자는 훈련된 지각을 사용하여 선악을 분별합니다. 분별력은 사물을 하나님의 관점에서 있는 그대로 보는 통찰력과 인식 능력입니다. 그것은 서로 경쟁하는 여러 세계관과 멋진 삶을 보장한다는 여러 유혹들 가운데서 무엇이 진리인지를 판별하는 능력입니다. 이런 분별력은 지혜와 연관됩니다. 지혜는 지식을 기초로 하나님의 말씀을 삶에 적용하는 숙련된 기술입니다. 반면 분별력은 세상에 대한 지식과 바른 통찰력을 통해서 실제로 하나님께서 기뻐하시는 일을 할 수 있게 해주는 능력입니다.

성숙한 신자는 믿음을 실제 삶에 구체적으로 적용함으로써 선악을 분별할 수 있습니다. 이러한 분별력을 소유한 성도는 세상을 보존

하시고 다스리시는 하나님의 섭리에 대한 확신을 갖고 하나님을 의뢰합니다. 성숙한 성도는 이런 분별력을 통해서 세상의 주도적인 사상과 문화들의 본질을 파악합니다. 그래서 서로 경쟁하는 세계관들 속에서 그리스도인으로서 흔들림 없이 하나님의 뜻을 구현하고자 합니다.

2) 성숙한 신자의 삶: 하나님의 뜻을 구현함

성숙한 성도들은 의를 위하여 고난 받는 것도 두려워하지 않으며, 범사에 하나님께서 기뻐하는 것을 행하고자 최선을 다하는 사람입니다. 성숙한 신자가 성경을 공부하는 목적은, 하나님의 뜻을 깨닫고 하나님과 교제하며 그를 영화롭게 하기 위한 것입니다. 성숙한 신자는 하나님의 말씀의 의도를 바르게 해석하여 그 말씀의 본의에 따라 살기 위해서 자신을 살피는 사람입니다. 그리고 날마다 회개하면서 하나님의 뜻에 자신을 복종하려는 개혁의 사람입니다. 그는 자신이 깨달은 성경말씀을 자신의 삶에 구현(具顯)하는 것을 자신의 사명으로 여기는 사람입니다.

구약의 다니엘 선지자를 보십시오. 그는 이방나라에 포로로 잡혀 간 신분이었습니다. 그러나 그는 훈련된 지각을 소유하여 가고 오는 모든 시대를 분별했습니다. 그런 분별력을 소유한 다니엘은 바벨론

제국이 망하고 페르시아제국이 세워지는 격변기에도 두 국가 모두에서 최고 지도자로 존경을 받았습니다. 더 중요한 것은 하나님께서 그의 기도에 항상 응답하셨다는 것입니다. 가브리엘 천사는 그런 다니엘을 보면서 **"너는 크게 은총을 입은 자여"**라고 부릅니다(단 9:23). 원어를 직역하면 이렇게 말할 수 있습니다. '하나님께서 탐나도록 아끼시는 자여!' 천사도 다니엘을 부러움이 가득 담긴 눈으로 바라보았습니다. 다니엘은 자신의 모든 은사를 사용하여 하나님의 뜻을 이루고자 하였고, 하나님의 백성들을 위해 일했습니다.

여러분! 우리도 하나님께서 부르시고 사용하시는 거룩한 도구들입니다. 따라서 우리의 일상생활은 우리가 읽고 듣고, 고백하는 하나님의 말씀에 대한 살아있는 주석(註釋), 즉 해설서(解說書)가 되어야 합니다(약 1:22). 이런 우리의 삶을 보면서 연약한 성도들이 현실의 환란과 도전에 믿음으로 담대하게 맞설 용기를 얻게 될 것입니다(히 13:7).

나가며: 성숙해야 구속의 목표를 이룬다.

우리가 이렇게 성숙한 신자로 자라기 위해서는 먼저 현재 자신의 영적인 상태를 파악해야 합니다(참고. 고후 13:5). 자신의 현재의 상태를 진단하고, 그 자리에서 하나님께서 원하시는 자리로 자라기 위해서 자신에게 필요한 것이 무엇인지를 찾아야 합니다. 그리고 우리에게 아직도 남아 있을 수 있는 어린 신자와 같은 약점은 무엇이고, 그것을 빌미로 해서 시험하는 사단의 간교함이 무엇인지를 명확하게 인식해야 합니다.

어린 아이가 가정에 있는 것은 이상한 것이 아닙니다. 그것은 하나님께서 주신 은혜의 선물입니다. 교회에도 믿음으로 새롭게 거듭난 어린 신자가 있는 것은 하나님께서 주신 복된 선물입니다. 그러나 문제는 믿은 지 10년이 지나고, 20년이 지나고, 30년이 지났는데도, 여전히 어린아이와 같은 상태에 머물러있는 신자들입니다. 여러분! 만약 어떤 20대 청년이 아직도 기저귀를 차고 있다면, 어떻겠습니까? 믿음의 경력이 30년, 40년이 되었는데도, 어린아이와 같은 유치하고 퇴행적인 행동을 한다면, 큰 문제일 것입니다. 오늘 히브리서 저자는 그런 신자들은 자신과 교회에 유익은 고사하고 큰 해를 끼칠 수 있음을 준엄하게 경고합니다. **"가시와 엉겅퀴를 내면 버림을 당하고 저주함에 가까워 그 마지막은 불사름이 되리라."**(8절)

여러분! 우리는 선한 일을 위하여 그리스도 안에서 구원을 받았습니다(엡 2:10). 이제 우리의 모든 활동에서 주님을 따름으로 우리의 정체성이 드러나야 합니다. 우리는 "택하신 족속이요 왕 같은 제사장들이요 거룩한 나라요. 그의 소유된 백성"입니다(벧전 2:9). 우리는 "어두운데서 불러내어 그의 기이한 빛에 들어가게 하신 자의 아름다운 덕을 선전하는" 삶을 살도록 지음을 받았습니다. 이것이 우리의 사명이며, 구속의 목적입니다. 따라서 이 구속의 목적을 이루기 위해서 모두가 자라야 합니다. 모든 성도는 성숙하여 하나님께서 기뻐하시는 합당한 열매(채소)를 내는 것으로 복을 받게 됩니다. 이런 성도는 성경이 약속한 진정한 안식과 평화, 자유를 더 충만하게 누리게 됩니다.

사랑하는 성도 여러분! 우리는 우리가 섬기는 교회가 "다 하나님의 아들을 믿는 것과 아는 일에 하나가 되어 온전한 사람을 이루어 그리스도의 장성한 분량이 충만한데까지" 자라도록 하기 위해 부르심을 받았습니다(엡 4:13). 우리의 목표는 우리 교회와 우리의 삶을 통해서 그리스도의 영광이 이 세상 가운데 충만히 현시(顯示)되도록 하는 것입니다. 이를 위해서 우리는 우리와 함께 성장해야 할 성도들을 돕고 그들에게 때를 따라 필요한 양식을 나눠 줄 책임이 있습니다. 이런 점에서 우리 모두는 다른 성도들을 섬겨야 하는 목회자(minister)와 감독자(supervisor)입니다.

우리 모두가 성숙한 사람이 되어 다른 지역의 연약한 교회들과 성도들을 돕는 지혜롭고 충성된 종들이 됩시다(참고. 마 24:45). 잠시 잠깐 후면 주님께서 오셔서 우리의 모든 수고를 갚아주실 것입니다(히 10:37). 끝까지 인내하면서 우리 모두가 성숙하여 선악을 분별하고, 다른 성도들을 성숙에 이르도록 섬기는 일에 열심하는 하나님의 친 백성들이 됩시다(딛 2:14). 그래서 우리 공동체를 통해서 주께서 영광을 받으시게 합시다. 저와 여러분의 헌신된 사역 위에 하나님께서 복 주시길 간구합니다.

| 복음이 주는 |

자유

부록

기독교세계관학교

www.rcw.co.kr

기독교세계관학교 소개

“진정한 기독교적 안식과 자유, 기쁨”

개혁주의 기독교세계관학교는 성도들이 예수님을 닮고, 진정한 기독교적 안식과 자유, 기쁨을 누리도록 돕기 위해 설립되었습니다.

개혁주의 기독교 세계관학교에는 『청교도 라이브러리』와 『북 카페』를 운영함으로써 역사적 청교도와 개혁주의 학자들의 책을 읽고 토론하는 것으로 더 깊은 신앙적 교제를 나누고 성장하도록 돕고자 합니다.

개혁주의 기독교 세계관학교에는 『사이버 세계관학교』를 운영함으로써 지방에 계신 성도와 교회를 돕는 일에도 적극 나서고있습니다.

개혁주의 기독교 세계관학교에는 『로이드존스 장학금』을 설치하여 어려운 형편에서 공부하시는 분들에게 장학금을 지급하고, 청소년과 신학생 목회자들을 지원하는데 최선을 다할 것입니다.

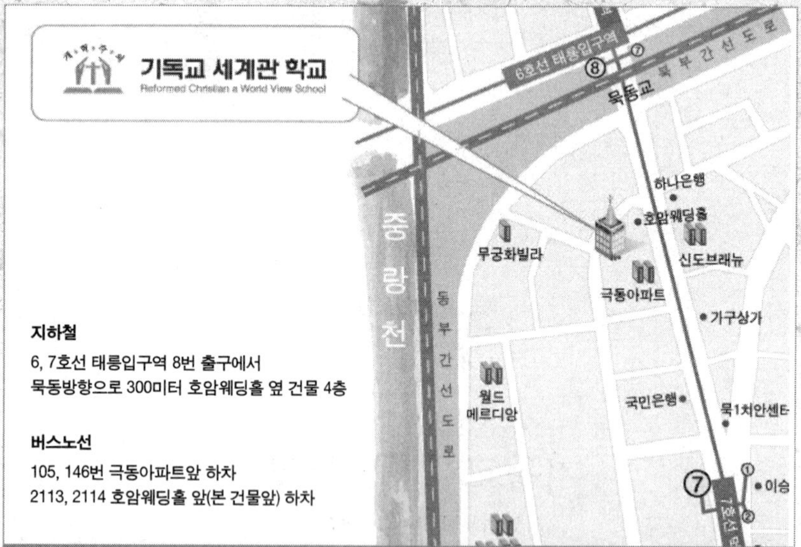

지하철

6, 7호선 태릉입구역 8번 출구에서
묵동방향으로 300미터 호암웨딩홀 옆 건물 4층

버스노선

105, 146번 극동아파트앞 하차
2113, 2114 호암웨딩홀 앞(본 건물앞) 하차

서울시 중랑구 묵2동 234-15호 동인빌딩 4층 | Tel. 02)977-2780 | 핸드폰. 010-429-2780

기독교세계관학교 교육과정

1. 청소년 기독교 세계관 학교 | 주 1회 2시간 수업(토요일 저녁)

학 년	1학기	2학기	3학기	4학기
1학년	창세기와 기독교 세계관	율법의 렌즈를 통해서 본 인생의 목적	산상수훈과 제자도	하나님 나라와 그 백성의 삶
2학년	사도행전과 교회	바울서신과 세계관	요한계시록과 종말론	신앙고백과 직업을 위한 준비

2. 청장년 기독교 세계관 학교 | 주 1회 2시간 수업(화요일 오전 · 저녁)

학 년	1학기	2학기	3학기	4학기
1학년	창세기와 기독교 세계관	율법의 렌즈를 통해서 본 인생의 목적	산상수훈과 제자도	하나님 나라와 그 백성의 삶
2학년	사도행전과 교회	바울서신과 세계관	요한계시록과 종말론	역사적 신앙 고백과 교회적 삶

3. 신학생 · 목회자 리더쉽 과정

- 연 2회 2박3일씩 집중 세미나(여름 · 겨울)
- 교육 과정
  국내외 개혁주의 성경신학자와 조직신학자들의 집중 강의와 토론을 통한 리더쉽 함양

4. 사이버 기독교 세계관 학교(www.rcw.co.kr)

- 교육 강좌는 2년 8학기로 운영됩니다. 1학기는 3개월 과정입니다. 동영상 강의를 통해서 반복 시청할수 있고(1학기 3개월간), 질문과 답변을 통해서 보다 더 깊고 충만한 이해를 할 수 있도록 도울 것입니다.

※ 본교 소정양식을 다운로드 하여 작성후, 이메일 / 우편 / 방문으로 접수해 주세요.